H. ALPHONSO S.J. - J. BEYER S.J. - H. BÖHLER
V. DE PAOLIS - M. DORTEL-CLAUDOT S.J.
G. GHIRLANDA S.J.

PUNTI FONDAMENTALI SULLA VITA CONSACRATA

a cura di
Gianfranco Ghirlanda S.J.

EDITRICE PONTIFICIA UNIVERSITÀ GREGORIANA
ROMA 1994

ISBN 88-7652-670-6

© 1994 – E.P.U.G. – ROMA

EDITRICE PONTIFICIA UNIVERSITÀ GREGORIANA
Piazza della Pilotta, 35 - 00187 Roma, Italia

INDICE

PRESENTAZIONE .... VII-X

HERBERT ALPHONSO S.J., *La vita consacrata nella Chiesa e nel mondo oggi: sfide e risposte* (*Periodica de re canonica* 82 [fasc. IV], 1993, 605-635).. [1-32]

HEIDEMARIE BÖHLER, *Consigli evangelici tra teologia e diritto. Dal Codice del 1917 al Codice del 1983* (*Ibid.* 82 [fasc. I], 1993, 175-204).. [33-62]

JEAN BEYER S.J., *Originalità dei carismi di vita consacrata* (*Ibid.* 82 [fasc. II], 1993, 257-292).. [63-98]

VELASIO DE PAOLIS, *Ecclesialità della vita consacrata* (*Ibid.* 82 [fasc. IV], 1993, 567-603).... [99-136]

MICHEL DORTEL-CLAUDOT S.J., *Natura comunitaria dell'apostolato nella vita religiosa laicale* (*Ibid.* 83 [fasc. I], 1994, 57-65)....................... [137-146]

GIANFRANCO GHIRLANDA S.J., *Alcuni punti in vista del Sinodo dei Vescovi sulla vita consacrata* (*Ibid.* 83 [fasc. I], 1994, 67-91).............. [147-172]

PRESENTAZIONE

In questo volumetto sono riuniti sei articoli, di esperti nel campo teologico-spirituale e teologico-canonistico, su alcuni aspetti riguardanti la vita consacrata, pubblicati sulla rivista *Periodica de re canonica* nelle annate 1993 e 1994.

Gli articoli sono stati suscitati dai *Lineamenta* «La vita consacrata e la sua missione nella Chiesa e nel mondo» elaborati a cura della Segreteria Generale del Sinodo dei Vescovi, in preparazione del Sinodo che si terrà su questo tema dal 2 al 29 ottobre 1994 a Roma. Tali articoli, tuttavia, non vogliono essere né una critica né una valutazione dei *Lineamena,* ma semplicemente prendono spunto da alcuni temi da essi toccati, per svilupparli. Pur intendendo dare un contributo, per quanto modesto, al dibattito suscitato in ordine alla preparazione del prossimo Sinodo, gli articoli toccano punti così fondamentali per la vita consacrata, che hanno una rilevanza anche indipendentemente dall'assise che si sta preparando. Questa è la ragione della presente pubblicazione.

Gli articoli non vengono ordinati secondo la successione temporale della loro pubblicazione su *Periodica,* ma secondo la problematica che affrontano. Abbiamo fatto precedere quelli che affrontano tematiche di carattere generale, per passare, poi, a tematiche più specifiche e particolari.

Il primo articolo è di H. ALPHONSO S.J., *La vita consacrata nella Chiesa e nel mondo oggi: sfide e risposte* (82 [fasc. IV], 1993, 605-635), in cui l'autore cerca di dare una risposta alla domanda-sfida fondamentale che il mondo secolarizzato e secolarizzante pone alla vita consacrata: «In questo mondo secolarizzato la vita consacrata ha un futuro? Non è destinata a scomparire?». La risposta viene trovata dall'autore nella natura della vita consacrata, che in se stessa è una sfida al mondo d'oggi, presentadogli un valore di cui esso è carente: quello della libertà spirituale interiore, da cui scaturisce un discernimento spirituale dei valori autentici su cui solo può basarsi la speranza per un futuro.

L'articolo di H. BÖHLER, *Consigli evangelici tra teologia e diritto. Dal Codice del 1917 al Codice del 1983* (82 [fasc. I], 1993, 175-204), introduce nell'essenza della vita consacrata: la professione dei consigli evangelici. L'origine divina dei consigli evangelici, che esprimono il radicalismo della sequela di Cristo, e la loro più profonda dimensione trinitaria, inseriscono nel dinamismo d'amore della vita trinitaria stessa. Sotto questa prospettiva i consigli evangelici assumono tutta la loro importanza non solo per la Chiesa, ma per tutta l'umanità.

Il terzo articolo che riportiamo, è quello di J. BEYER S.J., *Originalità dei carismi di vita consacrata* (82 [fasc. II], 1993, 257-292). In esso viene offerta una presentazione della varietà dei carismi di vita consacrata e delle tipologie in cui essi possono essere classificati. I vari e molteplici carismi di vita consacrata sono doni dello Spirito Santo, per cui alcuni chiamati da Dio a una particolare forma di vita seguono più da vicino Cristo e più fedelmente lo imitano. Tali carismi si fondano in Cristo stesso, Verbo di Dio, e lungo i secoli esprimono il suo amore filiale verso il Padre, in un modo sempre nuovo. La varietà dei carismi trova la sua unità proprio nella figliolanza del Verbo di Dio e nella stessa vita trinitaria, di cui la professione dei consigli evangelici è espressione.

V. DE PAOLIS nel suo contributo dal titolo *Ecclesialità della vita consacrata* (82 [fasc. IV], 1993, 567-603) conduce una riflessione su un punto oggi di fondamentale importanza teorica e pratica, quello della dimensione ecclesiale della vita consacrata. Questa, essendo una forma di vita che trae la sua origine e fondamento dalla vita stessa di Cristo, appartiene alla vita e alla santità della Chiesa, quindi intrinsecamente al suo mistero, che è mistero di santità e di santificazione. Sotto questa prospettiva debbono essere visti e trovare soluzione i problemi riguardanti l'inserzione attiva delle varie forme di vita consacrata nella vita concreta della Chiesa.

L'articolo di M. DORTEL-CLAUDOT S.J., *Natura comunitaria dell'apostolato nella vita religiosa laicale* (83 [fasc. I], 1994, 57-65) affronta un problema che tocca molti istituti religiosi, specialmente quelli laicali: la dispersione di singoli religiosi, che, a causa spesso della strutturazione della società in cui si muovono, svolgono attività, anche remunerate, in istituzioni (ospedali, scuole, istituti di assistenza, ecc.), che non appartengono ai loro istituti, e che, anzi, talvolta sono del tutto estranee alla Chiesa. La perdita della dimensione comunitaria dell'apostolato, pone il problema dell'identità religiosa di coloro che svolgono tali attività. La soluzione proposta per tale problema consiste nell'elaborazione di un «progetto apostolico comune», volto a recuperare tale dimensione fondamentale.

Infine G. GHIRLANDA S.J. nel suo articolo *Alcuni punti in vista del Sinodo dei Vescovi sulla vita consacrata* (83 [fasc. I], 1994, 67-91), prendendo spunto dai contributi precedenti e ricostruendone una certa unità, propone, a mo' di conclusione, alcuni punti fondamentali da cui i lavori del Sinodo dell'ottobre 1994 dovrebbero prendere le mosse: la presa di coscienza della pluriforme varietà della vita consacrata e dell'importanza della tutela di essa; i fondamenti cristologici, pneumatologici ed ecclesiologici della vita consacrata in modo che non si cada in un puro prammatismo nell'affrontare i problemi che sono sollecitati dal contesto ecclesiale e socio-culturale in cui la vita consacrata si muove attualmente. Sulla base di una teologia della vita consacrata vengono, poi, suggerite soluzioni a punti particolari riguardanti: gli istituti religiosi e secolari, sia sacerdotali che laicali; le società di vita apostolica; le nuove forme associative di vita evangelica; le Conferenze o Consigli dei Superiori Maggiori.

Nelle pagine viene riportata una doppia numerazione, quella originale della rivista *Periodica de re canonica* e quella successiva di questo volumetto, tra parentesi quadre.

GIANFRANCO GHIRLANDA S.J.

LA VITA CONSACRATA NELLA CHIESA E NEL MONDO OGGI: SFIDE E RISPOSTE

Introduzione

Sappiamo che il processo di rivalutazione e ridiscussione radicale di ogni ambito dell'esistenza che caratterizza il mondo e la Chiesa post-conciliare di oggi non ha risparmiato la vita consacrata in generale e quella religiosa in particolare. La sociologia, la psicologia, l'antropologia e, in generale, i progressi nel campo delle scienze umane ci hanno costretto, per altro giustamente, a questo ripensamento e a questa rivalutazione. La vita e l'attività dell'uomo in tutte le sue sfaccettature devono assumere pieno significato per i nostri contemporanei. La tendenza inarrestabile alla secolarizzazione, un fenomeno che tocchiamo con mano, percepiamo e respiriamo nel mondo intorno a noi, ha inciso in modo molto particolare sul mondo sacro, consacrato, religioso e spirituale. Non ci stupisce quindi che la vita consacrata e, in particolare la vita religiosa — che sovente viene descritta come una fuga dal mondo e dai normali rapporti di relazione umana, e equiparata a una rinuncia ai valori e alle aspirazioni umane più fondamentali, — sia presa particolarmente di mira. Siamo più che coscienti che il mondo secolarizzato e in via di secolarizzazione ha cercato di mettere in discussione la vita consacrata e religiosa sollevando un interrogativo fondamentale — l'abbiamo letto in testi autorevoli, in scritti teologici:

«C'è un futuro per la vita religiosa in questo mondo secolarizzato? o è destinata a scomparire?».

Il 29 giugno 1971 Paolo VI, nella sua affettuosa sollecitudine pastorale per gli istituti religiosi nella Chiesa, ci ha rassicurati con la sua Esortazione Apostolica *Evangelica Testificatio* sul rinnovamento della vita religiosa secondo gli insegnamenti del Concilio Vaticano II. «Intendiamo rispondere», affermava Paolo VI, «all'inquietudine, alla incertezza ed all'instabilità che alcuni dimostrano... Non si è arrivati addirittura a far appello, abusivamente, al Concilio per rimettere la vita religiosa in discussione fin nel suo stesso principio? Eppure è ben noto che il Concilio ha riconosciuto a questo *dono speciale* un posto di elezione nella vita della Chiesa... Senza questo segno concreto, la carità che anima l'intera Chiesa rischierebbe di raffreddarsi, il paradosso salvifico del vangelo di smussarsi, il "sale" della fede di diluirsi in un mondo in fase di secolarizzazione... Chi oserebbe sostenere che un tale appello non avrebbe più, al giorno d'oggi, lo stesso valore e vigore, che la Chiesa potrebbe fare a meno di questi testimoni eccezionali della trascendenza dell'amore di Cristo, o che il mondo potrebbe senza suo danno lasciar spegnere queste luci?» (nn. 2-3). Fino a qui ho citato le parole di Paolo VI.

Di fronte a tale contesto, nel mondo odierno, è difficile impostare il discorso della vita consacrata nella sua globalità senza attingere prima alla memoria storica, a un *senso profondo della storia*. Per quanto la storia possa avere la memoria corta, — dicono che la storia si ripete! — ha un'ottica basata sul lungo periodo e una visione di ampio respiro. Giovanni XXIII, il Papa buono, che era uno storico, ha definito la storia «la grande maestra di vita - *magistra vitae*». Traendo ispirazione da questo profondo significato della storia va detto che *la Vita Consacrata è una realtà viva nella Chiesa*. Una realtà nata e sviluppatasi nei primi secoli, che da allora non ha mai cessato di esistere, che ha conosciuto periodi di grande splendore e ha attraversato fasi di amaro declino, tanto da necessitare una riforma, ma che comunque, non si è mai spenta. Dopo ogni crisi, ritrovava se stessa e manifestava una nuova coesione e forza interna. La vita consacrata ha dato prova di una straordinaria capacità di adattamento ai bisogni di ogni età, e si è costantemente arricchita di nuove tipologie esteriori. Che dire allora dei bisogni del nostro tempo e della condizione in cui si trovano il mondo e la Chiesa oggi?

I. Il contesto contemporaneo

Qual'è la descrizione più efficace della condizione dei nostri contemporanei, uomini e donne? Alla nostra epoca, forse nessun foro internazionale ha saputo meglio delineare la condizione del mondo moderno, del Concilio Vaticano II del 1962-65, che ne ha dato un'immagine straordinaria ed eccellente[1].

Il Concilio Vaticano II, impegnato a fondo nel programma pastorale mirante a far sì che la Chiesa e il messaggio di Gesù Cristo fossero rilevanti per i nostri contemporanei e il mondo di oggi, ha profusamente illustrato la condizione del mondo odierno in molti dei suoi documenti, ma lo ha fatto sovranamente nel-

---

[1] Com'è noto sono trascorsi quasi 30 anni dalla fine del Concilio Vaticano II nel 1965; ciononostante, è anche noto che gli specifici sviluppi verificatisi in questi 30 anni, traggono tutti origine saldamente dalla situazione del mondo e la condizione degli uomini agli inizi degli anni 60 quando il Concilio Vaticano II li aveva egregiamente e mirabilmente descritti nei suoi documenti.

lo scrutare i «segni dei tempi», nella Esposizione Introduttiva alla Costituzione Pastorale su «La Chiesa nel mondo moderno», la *Gaudium et Spes*. Tale Esposizione Introduttiva si intitola precisamente: «La condizione dell'uomo nel mondo contemporaneo» Ora, se vi è un termine, che quantunque a rischio di qualche generalizzazione, illustra bene la condizione dell'uomo nel mondo contemporaneo, riteniamo sia proprio il termine, «esistenziale», che deriva cioè da una nuova e vitale esperienza dell'esistenza. Questa «nuova e vitale esperienza dell'esistenza», può essere esemplificata in mille modi diversi. Ne citiamo alcuni: l'instabilità, l'insicurezza e l'angoscia (Angst) del periodo successivo ai due conflitti mondiali, e, potremmo aggiungere oggi, alla recente Guerra del Golfo, per non parlare dei violenti conflitti etnici che infuriano in tante regioni del globo; un'esperienza che scaturisce dalla cosidetta rivoluzione tecnologica e sociologica del nostro tempo e gli straordinari progressi compiuti nell'ambito delle scienze umane che toccano ogni campo ed ogni fibra dell'esistenza dell'uomo. La consapevolezza accresciuta di una indipendenza politica acquisita recentemente, e le relative crisi di crescita che accompagnano il processo di edificazione di una nazione, uno spettacolo cui abbiamo assistito in molti paesi del terzo mondo, e che comincia a emergere in nazioni di recente costituzione, che facevano parte dell'ex Unione Sovietica e dell'ex blocco comunista. L'esperienza di una società sempre più pluralista, che, se da un lato offre la straordinaria possibilità di tessere la splendida trama dell'unità del genere umano — così diversa dall'uniformità monolitica — mostra il triste volto dei conflitti etnici, nazionalistici e delle lotte intestine... Tale condizione esistenziale, che scaturisce da una nuova e vitale esperienza dell'esistenza, si traduce nel netto rifiuto di una concezione essenzialistica e statica della realtà per sposare una visione dinamica ed evolutiva che ribadisce il carattere concreto e non astratto della realtà; che ne rivendica il carattere storico, in continua evoluzione, dinamico e quindi né immobile né immodificabile; una realtà che riferita all'uomo è fortemente personale.

Tendenze prevalenti nelle aspirazioni degli uomini d'oggi

La «condizione» del mondo oggi presenta un tale intreccio di tendenze variegate che di per sé questo fatto sembrerebbe precludere la possibilità di arrivare alla formulazione di una sintesi logica e coerente di ciò che potremmo definire le «aspirazioni umane oggi». Dovremo perciò accontentarci di porre in risalto le principali tendenze che si evidenziano nelle aspirazioni dell'uomo contemporaneo. Riteniamo che il modo migliore per farlo sia esprimere con il linguaggio degli uomini e delle donne del nostro tempo le aspirazioni profonde dell'animo umano[2].

---

[2] Il fatto di usare il linguaggio dell'uomo contemporaneo in questo contesto, con termini come «compimento», «incontro», «dialogo», «libertà», «spontaneità», «autenticità», «sincerità», può suonare come un eccesso di gergo esistenziale. Ho deciso di usare appositamente questi termini, nel tentativo di risalire alle radici stesse di tale linguaggio, e di ascoltare attentamente quello che i nostri contemporanei cercano veramente di dire per esprimere le proprie aspirazioni più profonde, nei confronti del mondo e della Chiesa di oggi. È ovvio che questo linguaggio può finire con l'essere un semplice gergo, ma non necessariamente. Dobbiamo prima ascoltare senza esprimere giudizi, se desideriamo procedere a una radicale e autentica valutazione e «discernimento» di queste espressioni del mondo contemporaneo.

a. *Attinenza piena e concreta ai problemi e agli eventi della vita quotidiana*

I nostri contemporanei non sono in grado di tollerare né una dicotomia né una divisione fra fede e vita; anelano a una forma di vita integrata. È l'intreccio stesso della loro vita quotidiana, affermano, che deve sempre più farsi trama e ordito del regno di Dio. E insistono di non aver bisogno di astrarsi dai propri compiti quotidiani, dai contatti con i loro simili, dalle loro responsabilità secolari, per trovare Dio e santificarsi. È proprio nel pieno delle loro fatiche quotidiane, dei loro contatti umani, e delle loro responsabilità secolari che vogliono incontrare il Dio vivente, e stabilire lì un dialogo personale con Lui.

Questo «incontrare Dio alla piazza del mercato», si fonda, come possiamo facilmente immaginare, su una teologia ottimistica delle realtà terrene e dei valori umani — un felice connubio del secolare e del sacro — come appunto quello che pervade la *Gaudium et Spes* (passim, ma in particolare dal 36 al 39): tutta la realtà viene pervasa dalla presenza e dall'attività di Dio, tutta la realtà è «l'ambiente divino».

Un riflesso immediato di questo anelito dell'uomo contemporaneo a una pertinenza alla concreta realtà, è la sete di cambiamento che caratterizza i nostri contemporanei. Inutile nascondersi che la nostra generazione è la generazione del cambiamento; ma per cambiamento non si intende un processo qualunque legato a una crescita o a uno sviluppo normale. Il mondo in cui viviamo è in preda a *trasformazioni radicali, di portata eccezionale, potenzialmente esplosiva* — un processo di cambiamento a un ritmo e di una portata mai registrati da centinaia, forse migliaia, di anni. In un mondo che si evolve a un ritmo vertiginoso, che in 80 anni è passato rapidamente dall'era atomica e nucleare a quella dei jet e dello spazio; in un mondo dove abbiamo visto proprio recentemente i regimi ben consolidati cadere, le cortine di ferro lacerarsi, i muri solidi sgretolarsi, è forse eccessivo sostenere che il tratto più caratteristico della nostra epoca è stato, ed è ancora oggi, il «cambiamento»? Non ci deve stupire poi che coloro che sono cresciuti in questa atmosfera desiderino ardentemente il cambiamento; lo vogliono ora e subito; agognano il cambiamento affinché tanto individualmente che sul piano del loro ambiente, del gruppo cui appartengono, e della Chiesa vi sia una *attinenza più realistica* ai bisogni del mondo contemporaneo.

b. *Personalismo profondamente radicato*

Il fatto di desiderare ardentemente un'attinenza alla realtà che abbiamo appena descritto, come primo tratto caratteristico dell'atteggiamento dei nostri contemporanei, immediatamente si ricollega a un secondo tratto, forse *la* principale caratteristica del comportamento dell'uomo contemporaneo: *un personalismo fortemente radicato*.

I nostri contemporanei, uomini e donne non sono semplicemente personalisti, lo sono ardentemente e senza mezzi termini; rifiutano categoricamente di considerarsi un semplice esempio concreto della «natura umana universale» — una sorta di animale razionale, se vogliamo o una specie di numero di serie o di scheda di un catalogo. Reputano che ciascuno sia, in virtù dell'unicità della propria libera individualità, *una persona umana*; poiché Dio chiama ciascuno per nome, questi non è solo un volto fra la folla, ma qualcosa di irripetibile, di unico. Profondamente coscienti di questa *dignità della persona umana* conferita da Dio, ritengono che questa *personalità* debba trovare pieno *compimento*, che la vita stessa, con tutti gli affanni quotidiani, le sue vicissitudini e le sue opportunità sia il contesto che Dio ha offerto loro per arricchire e realizzare appieno tale personalità, — in altre parole il luogo o il «locus» in cui si è detto anelano a un incontro con il Dio vivente, e ove dialogano personalmente con Lui.

È molto istruttivo notare come i documenti del Concilio Vaticano II, in virtù dell'influsso sagace dello Spirito, hanno più volte posto l'accento proprio su questo personalismo profondamente radicato e di ampia portata dell'uomo contemporaneo. Anche limitandosi a sfogliare tali documenti, si è colpiti da una sorta di «antropologia teologica» di cui sono tutti permeati: lungi dal considerare Dio come punto di partenza, per poi scendere al livello degli esseri umani e quindi al mondo circostante, pongono l'accento — tutti — *sulla persona umana* vista come il centro e l'oggetto diretto del piano di salvezza divino. Questa persona umana viene vista in *tutte* le sue dimensioni: il suo orientamento verso Dio, verso il prossimo, e verso tutto ciò che è stato creato nel mondo circostante. Una «antropologia teologica» nel vero senso della parola! Inoltre alla base di tutti i documenti del Concilio Vaticano II, ritroviamo un postulato fondamentale che costituisce un punto focale e la struttura portante di tali elaborazioni: la profonda consapevolezza della dignità della persona umana, una dignità conferita da Dio. Mi limiterò solo ad alcuni esempi. Non cessa di stupirci il fatto che nella *Gaudium et Spes*, dopo l'Esposizione Introduttiva citata sopra, tutto il primo capitolo sia dedicato alla «Dignità della persona umana», come se la Costituzione Pastorale, nello scrutare i segni dei tempi, desiderasse porre in primo piano proprio la «dignità della persona umana» in quanto segno per eccellenza dei tempi; e peraltro il fatto che la «Dichiarazione sulla libertà religiosa», fonte di grande ispirazione e esempio di lungimiranza, sia così saldamente basata sull'unico principio della dignità conferita da Dio alla persona umana, tanto che l'*incipit* è *Dignitatis Humanae*. «In questa nostra età gli uomini diventano sempre più consapevoli della dignità della persona umana» (*DH* 1a); e ancora, perfino una semplice Dichiarazione sulla educazione cristiana incentra tutte le sue raccomandazioni sulla dignità della persona umana come elemento cardine, tanto che nella prima parte dopo l'introduzione si dice: «Tutti gli uomini di qualunque razza, condizione ed età, in forza della loro dignità di persona, hanno il diritto inalienabile ad una educazione che risponda al proprio fine, convenga alla propria indole, alla differenza di sesso, alla cultura e alle tradizioni del loro paese» (*GE* 1a).

Questo personalismo è così profondamente radicato nell'uomo di oggi che incide in ogni ambito dell'esistenza e fa sentire la sua influenza in molte direzioni. Che dire ad esempio del *bisogno insaziabile di dialogo* dei nostri contemporanei se non che è il frutto vitale di un profondo personalismo? Poiché è nel reciproco riconoscimento della dignità di persone umane conferita da Dio che si trova il fondamento teologico autentico del dialogo. Né ci stupisce che l'ampio processo di rinnovamento della teologia e della catechesi di oggi sia stato realizzato in grande misura, se non universalmente, secondo delle linee direttrici ispirate al dialogo e alle relazioni interpersonali. Basti pensare alla cristologia contemporanea, alla teologia sacramentale, alla teologia della rivelazione e della fede, come una testimonianza inconfutabile di tale processo.

Per di più, i nostri contemporanei esprimono il loro appassionato personalismo nel loro *desiderio ardente di libertà, spontaneità, autenticità e di espressione dei propri carismi personali*. Né fanno mistero del fatto di essere stanchi di leggi e regolamenti, metodi e prescrizioni — in una parola stanchi di «strutture» — che a loro paiono solo vincoli imposti dall'esterno, unicamente allo scopo di soffocare la loro individualità e a reprimere la loro spontaneità. Rifiutando tali vincoli, considerati frutto di «formalismo», i nostri contemporanei desiderano ardentemente essere autentici e spontanei. Si gloriano della propria palese sincerità e, manifestando una profonda avversione per ogni forma di doppiezza, chiedono che i loro simili siano altrettanto autentici e sinceri.

Questo personalismo, profondamente radicato dei nostri contemporanei, è all'origine di molti altri atteggiamenti degli uomini e delle donne del nostro tempo. Animati da una fede incrollabile nella personalità integrale, non possono né vogliono credere che la crescita e la maturazione della loro personalità vada intesa solo in termini di freddo intellettualismo, di volontarismo inerte. Insistono che Dio ha fatto loro dono non solo dell'intelletto e della volontà ma anche di un «cuore» per poter *cogliere sperimentalmente* la realtà; quindi bramano, tanto nei loro incontri con i propri simili che con Dio, far sì che i propri cuori fremano per *l'esperienza* di quella serenità, gioia e amore che la buona novella della salvezza annuncia a tutti gli uomini di buona volontà. È innegabile che la spiritualità degli uomini e delle donne del nostro tempo è fortemente connotata dall'*esperienza evangelica*.

c. *Consapevolezza del sociale e della collettività*

Alla luce di quanto detto finora dei nostri contemporanei e il loro ardente personalismo, dobbiamo fare attenzione a non cadere nell'errore di confonderlo con l'individualismo. C'è un vero e proprio abisso tra «personalismo» e «individualismo». Il termine «persona» denota una libertà che è aperta verso gli altri, e non un essere ripiegato su se stesso, che è quanto denota «l'individualismo»; significa una persona che si arricchisce, matura e cresce precisamente attraverso le relazioni interpersonali che stabilisce. Questo è quanto dimostra il famoso libro di Carl Rogers, *On Becoming A Person*[3] su solide basi psicologiche. In realtà al suo livello più profondo, è la contemplazione della Trinità che ci rivela il vero significato della «persona» e della «comunità»[4]. I termini «persona» e «comunità» lungi dall'escludersi l'un l'altro, sono di fatto strettamente correlati: una «persona» diventa tale solo nell'ambito di una comunità; e una «comunità» è una comunità autentica solo se è formata da persone responsabili, ciascuna delle quali fa propri i compiti e gli obiettivi della comunità, assumendosene la responsabilità.

---

[3] CARL R. ROGERS, *On Becoming A Person: A Therapist's View of Psychotherapy*, Boston 1961.

[4] Naturalmente l'uso dei termini «persona» e «comunità» quando applicati a Dio è, come si dice in filosofia, analogo in relazione a questi termini se applicati a noi; ma per lo stesso motivo, le radici del nostro uso di questi termini si trovano nel mistero della vita e dell'intimità trinitaria. Il Padre è il Padre nella misura in cui ha generato il Figlio; il Figlio è tale in quando ha origine dal Padre ed è eternamente rivolto verso il Padre (*pros ton Theon*) come dice Giovanni nel Prologo del suo Vangelo (Gv. 1,1); e, nel caso dello Spirito Santo, è nella Persona stessa il rapporto di amore reciproco tra Padre e Figlio, per cui in tal caso, sorprendentemente, «la persona» di per sé è formata da una «relazione».

Vediamo, quindi, che proprio perché i nostri contemporanei sono così profondamente personalisti, hanno questo forte interesse per l'aspetto sociale e comunitario. Così, a integrare questa visione fortemente personalista della vita contemporanea vi è una dimensione vigorosamente sociale, che pone in tal modo in risalto un terzo tratto dell'indole dell'uomo moderno. Il sempre più stretto intreccio di vite umane mediante ciò che potremmo chiamare il «socialismo» o la solidarietà vissuta nella vita quotidiana fà si che i cristiani di oggi siano sempre più sensibili ai «valori sociali» del Vangelo; trattasi di valori che sono sempre esistiti nel Vangelo, cosicché la nostra maggiore sensibilità ad essi oggi si ricollega a qualcosa che esiste nel profondo animo di noi, uomini e donne d'oggi. Animando dall'interno la nostra esperienza quotidiana della solidarietà umana, lo Spirito di Dio ci spinge oggi alla riscoperta del mistero della Chiesa, alla luce di categorie specificamente sociali che sono nel contempo profondamente bibliche: «il Popolo di Dio», il «Corpo di Cristo», la «Comunione (*Koinonia*) nello Spirito».

In sintesi quindi, l'atteggiamento fondamentale dei nostri contemporanei che abbiamo cercato di delineare secondo tre direttrici principali, sul piano della spiritualità dà luogo a tre tendenze rilevanti che inglobano tutte le altre tendenze minori e subordinate. Una spiritualità dell'«incarnazione» che corrisponde al carattere di piena attinenza alla realtà, ai problemi e agli eventi della vita quotidiana; una spiritualità d'impronta fortemente «biblica» di fronte al personalismo profondamente radicato che caratterizza gli uomini e le donne del nostro tempo; e una spiritualità spiccatamente «ecclesiale-liturgica» che scaturisce dalla loro viva coscienza della dimensione sociale e comunitaria. È facile rendersi conto che tutte le spinte odierne nel campo della spiritualità — che si tratti di quelle nella linea dei diritti dell'uomo e della giustizia, della creazione o dell'ambiente, o ancora della solidarietà sociale e della pace nel mondo — comunque sono da ricondursi a queste precise linee di tendenza.

Non vogliamo certo affermare che queste tre tendenze principali che abbiamo delineato siano scevre di ambiguità[5]: se nelle loro affermazioni più positive e manifestazioni più sublimi possono essere una sfida per la vita consacrata a dare la sua più fulgida testimonianza, proprio perché possono dare eccessivo risalto — e spesso lo fanno — in modo unilaterale, a un elemento della verità a scapito della verità totale, a loro volta prestano il fianco ad essere sfidate: la scena contemporanea, il mondo di oggi, ha preziosi insegnamenti da trarre dalla vita consacrata vissuta nella sua dimensione più autentica. Le realtà del nostro mondo egoista e in via di secolarizzazione, tormentato dalla violenza e dall'odio, dall'orgoglio e dal pregiudizio, dal potere e dal prestigio, dal bieco materialismo e dalla decadenza morale, sono sotto gli occhi di tutti. Ma non coglieremo, in concreto, cosa può dare la vita consacrata al mondo di oggi e cosa ne può ricevere, se non saremo coscienti sul piano esistenziale dell'essenza e della natura del dono di Dio, che è rappresentato dalla vita consacrata nella Chiesa.

II. La vita consacrata

Come si è detto nell'«Introduzione», la vita consacrata è una *realtà viva* nella Chiesa. Non ha origine

---

[5] *La vita consacrata e la sua missione nella chiesa e nel mondo - Lineamenta*, Città del Vaticano 1993, n. 29.

da un disegno dell'uomo, ma dall'azione dello Spirito. E, come accade a tutto ciò che proviene dallo Spirito, è qualcosa di cui *prima facciamo l'esperienza*, e su cui solo in un secondo momento cerchiamo di riflettere, per tradurre la ricchezza di questo dono divino in termini umani. Come prima cosa è indispensabile chiarire e sottolineare il fatto che la vita consacrata nella Chiesa è interamente un carisma (c. 574, § 2). C'è il pericolo persistente che si pensi, senza dirlo esplicitamente, che una bella teologia della vita consacrata possa risolvere tutte le nostre difficoltà, e dare una risposta a tutti i nostri interrogativi circa la stessa. Senza sminuire l'importanza e il significato di una valida teologia della Vita Consacrata, va comunque detto, senza mezzi termini, che la teologia non può mai sostituirsi al carisma della Vita Consacrata stessa. La Vita Consacrata è in tutte le sue manifestazioni un dono esistenziale che Dio ha conferito alla sua Chiesa — frutto mirabile della libera azione dinamica dello Spirito Santo nella Chiesa. La teologia dovrà essere una riflessione sulle ricchezze di questo dono divino, che viene prima sperimentato in quanto dono di Dio nella Chiesa.

Prima bozza di interpretazione della vita consacrata

In termini evangelici, questo particolare dono di Dio è la chiamata a farsi stretti e intimi seguaci di Gesù Cristo; è la vocazione all'amicizia e all'associazione con Cristo, talmente profonda da far abbandonare ogni cosa per seguirlo. Tuttavia diventare seguaci di Cristo, anche su un piano personale e intimo, è caratteristico di ogni cristiano, perché è proprio della vocazione cristiana come tale. Una tale presa di coscienza particolare non si limita a sottolineare il bisogno di una riflessione teologica sulla vita consacrata, ma ne costituisce il vero e proprio punto di partenza.

La vita consacrata appartiene quindi all'intima sfera della vocazione cristiana in sé e si traduce in una risposta «totale» dell'uomo all'invito rivoltogli da Gesù Cristo a seguirlo. Per risposta «totale» intendiamo non solo l'accettazione entusiasta, soggettiva di Gesù e del suo modo di vivere, che è l'esigenza insita nella vocazione cristiana in generale e nella consacrazione del battesimo stessa, ma anche le condizioni esterne, oggettive, sul piano sociale, che conseguono a una tale chiamata, e in particolare, la manifestazione pubblica, visibile, e sociale, vissuta attraverso la speciale consacrazione con i tre voti. Questa nuova e particolare consacrazione non è semplicemente sconnessa dalla consacrazione del battesimo; ma è piuttosto come una sua piena espressione e più ampia manifestazione, come viene ribadito in *LG* 44b e in *PC* 5a (cf. c. 573).

Nei secoli, perciò, la base della vita consacrata è stata e resta sempre il fatto che singoli, donne e uomini hanno interpretato e tuttora interpretano l'invito di Gesù «Vieni e seguimi» come un invito rivolto a ciascuno in *modo profondamente personale* e nel *senso letterale del termine*. Pertanto, la risposta a tale chiamata non significa semplicemente una disposizione interiore personale verso Gesù Cristo (ove il Cristo diventa prioritario nell'esistenza e nella scala dei valori), bensì il fatto di abbandonare letteralmente ogni cosa, secondo delle forme visibili sul piano sociale, tanto da incidere su tutta l'esistenza.

Teologia della vita consacrata

I principali problemi della vita consacrata scaturiscono da una comprensione inadeguata del preciso significato e della precisa collocazione nella Chiesa tanto della vita religiosa che di quella consacrata in generale. Le difficoltà nascono proprio dal modo in cui le definiamo: non le rapportiamo alla Chiesa nel suo insieme, ma alla vocazione cristiana dei laici o alla vocazione sacerdotale. I religiosi ad esempio vengono definiti sulla base di elementi di differenziazione: si distinguono per mezzo di una separazione dai laici e dai sacerdoti.

Ora, la solida riflessione teologica che è sfociata nel Concilio Vaticano II e da allora si è ulteriormente approfondita e mirabilmente espressa, ci ha resi consapevoli del fatto che la vita consacrata può essere interpretata solo nel contesto del mistero della Chiesa. In realtà, negli anni immediatamente precedenti al Concilio Vaticano II, era scoppiata una polemica fra teologi sulla collocazione della vita religiosa nella Chiesa; ci si chiedeva se la vita religiosa fa parte integrante della struttura della Chiesa; se ne è una componente essenziale, o solo occasionale, come, cioè, qualcosa che si pone ai margini della vita della Chiesa e assume un'importanza secondaria. *Lumen Gentium* e *Perfectae Caritatis* hanno ampiamente evidenziato che la vita religiosa, lungi dall'essere una semplice appendice — per quanto importante — della vita della Chiesa, si pone al centro stesso del suo mistero[6].

Sappiamo che la Chiesa è stata «inviata da Dio alle genti per essere sacramento universale di salvezza» (*AG* 1a; *LG* 48b). Il mistero della salvezza può essere colto solo nella Persona e nell'Opera dell'unico salvatore del genere umano, Gesù Cristo. In quanto Salvatore, il suo mistero è mirabilmente riassunto nel suo ruolo di Mediatore. Non solo in lui coesistono la

---

[6] Cf. *Lineamenta*, nn. 26c, 35.

natura umana e quella divina, i fini e i mezzi, la via e il termine del percorso; c'è dell'altro: *ci viene inviato dal Padre*, nel nostro mondo irredento di peccato e di morte; e *da noi* (per solidarietà con noi in questo mondo di peccato e di morte) *ritorna al Padre*. È nel contempo *il grande Rivelatore* del Padre a noi, portandoci la verità, l'amore, il perdono e la pace del Padre, e il *grande Redentore* che ci fa tornare al Padre nel culto più perfetto dell'amore e dell'obbedienza, «per riunire insieme i figli di Dio che erano dispersi» (Gv. 11,52). In sintesi, è inscindibilmente *Dio-per-noi esseri umani e noi-esseri umani-per-Dio*: Dio per noi esseri umani, in quanto ci porta la verità del Padre, il suo amore, il suo perdono misericordioso e la sua vita (missione di *Rivelazione*) e noi stessi esseri umani per Dio, nell'adorazione, nell'amore, nel culto e nell'obbedienza del suo sacrificio di redenzione (missione di *Redenzione*). In Gesù Cristo quindi la Chiesa si fà strumento vivo tanto della Rivelazione che della Redenzione. Nella doppia dimensione umana e divina, di fine e mezzo, la Chiesa è in Gesù Cristo tanto il Dio per gli esseri umani (l'incarnazione e la rivelazione della verità, l'amore, la misericordia e la pace di Dio) quanto gli esseri umani per Dio (il «locus» ove l'uomo peccatore viene redento e torna a Dio nel culto della fede e dell'obbedienza)[7]. Questa interpretazione del

---

[7] È caratteristica della Chiesa, come afferma mirabilmente il Concilio Vaticano II nell'introduzione della Costituzione sulla Sacra Liturgia «di essere nello stesso tempo umana e divina, visibile ma dotata di realtà invisibili, fervente nell'azione e dedita alla contemplazione, presente nel mondo e, tuttavia, pellegrina; tutto questo in modo che ciò che in lei è umano sia ordinato e subordinato al divino, il visibile all'invisibile, l'azione alla contemplazione, la realtà presente alla città futura verso la quale siamo incamminati» (*SC* 2).

mistero e della missione della Chiesa come inscindibilmente mezzo e fine, incarnazionale e escatologico, è la base per un'autentica interpretazione degli stati di vita e delle vocazioni nella Chiesa.

È indubbio che ogni cristiano, ogni membro della Chiesa — come la Chiesa stessa — essendo incorporato in Gesù Cristo, deve inglobare tanto il fine che i mezzi, l'aspetto incarnazionale e quello escatologico, nella sua vita cristiana. La Chiesa tuttavia non è un semplice agglomerato di individui: è il popolo di Dio, il Corpo di Cristo, quella realtà sociale eccezionale, che deve essere per tutte le nazioni il segno e il sacramento del mistero di Cristo. In altre parole deve dare una testimonianza *visibile, sociale, pubblica, in mezzo alla società umana*, una testimonianza convincente ed efficace, del mistero di Gesù Cristo nel suo insieme: dell'aspetto relativo ai mezzi e ai fini, alla struttura e alla vita, all'incarnazione e all'escatologia. E ciò è quanto la Chiesa fa precisamente con *gli stati di vita* che organizza e riconosce socialmente, pubblicamente, visibilmente, in mezzo alla società umana. Dà quindi un'espressione sociale, visibile, alla componente strutturale, all'aspetto di mezzi, del suo mistero, tramite l'organizzazione gerarchica della Chiesa, tramite cioè gli stati di vita laicale e clericale; invece dell'aspetto della vita e del fine del suo mistero, dà una testimonianza visibile con lo stato di vita consacrata.

Sebbene usi l'accezione più restrittiva del termine «religioso», la *Lumen Gentium* è chiarissima e categorica sulla questione: «Lo stato dunque, che è costituito dalla professione dei consigli evangelici, pur non concernendo la struttura gerarchica della Chiesa, appartiene tuttavia fermamente alla sua vita e alla sua santità» (*LG* 44d; c. 207, § 2). Proprio perché si tratta

di due aspetti inscindibili dell'unico mistero di Gesù
Cristo e della Chiesa, il Concilio si affretta a chiarire
che i religiosi saranno necessariamente o sacerdoti o
laici. I due aspetti vanno certamente distinti, ma mai
separati. In un senso (secondo l'aspetto strutturale,
dei mezzi) tutti i cristiani saranno o sacerdoti o laici;
per l'altro aspetto (la vita, l'aspetto relativo al fine),
tutti i cristiani saranno religiosi o non religiosi, facendo o meno parte della vita consacrata[8].

Quindi se la struttura gerarchica della Chiesa,
tanto nello stato clericale che in quello laicale, testimonia principalmente dei mezzi e dell'aspetto della
Chiesa relativo all'incarnazione (*LG* 18; cf. passim, ai
cap. III e IV), lo stato della vita consacrata (o ciò che
la *Lumen Gentium* chiama lo stato «religioso»), in
quanto tale, specificamente, è il segno visibile e la testimonianza dell'aspetto escatologico, relativo al fine
del mistero della Chiesa, cioè la Chiesa che sarà sempre e rimarrà al di là del tempo, una comunità di culto
e di carità[9]. I sacramenti, i dogmi, la gerarchia o i ministeri nella Chiesa indubbiamente concernono solo il
peregrinare terreno della Chiesa; non durano oltre.
Tuttavia, la Chiesa, in quanto comunità di culto e carità, nell'unione più intima con Dio e con tutti gli uomini, durerà in eterno, al di là dei tempi, nella Gerusalemme celeste, — come descritto mirabilmente nell'Apocalisse (capitoli 4 e 5). I membri della vita consacrata in generale, o della vita religiosa in particola-

---

[8] «Un simile stato (religioso), se si riguardi la divina e gerarchica costituzione della Chiesa, non è intermedio tra la condizione clericale e laicale; ma da entrambe le parti alcuni fedeli sono chiamati da Dio a fruire di questo speciale dono nella vita della Chiesa e ad aiutare, ciascuno a suo modo, la sua missione salvifica» (*LG* 43b; cf. c. 207, § 2).

[9] Cf. *Lineamenta*, n. 26c.

re, con la loro professione pubblica, socialmente organizzata nella Chiesa, dei consigli evangelici di castità, povertà e obbedienza, si uniscono con la massima intimità al Signore e gli uni agli altri, e cercano di realizzare nella loro vita totalmente consacrata, la «perfezione del culto divino e il fervore della carità» (*LG* 44a; cf. cc. 573, § 1; 607, § 1), e tutto ciò in modo pubblico e socialmente organizzato, in quanto comunità di culto e di carità[10]. È proprio in ciò che ritroviamo il nesso più caratteristico e intimo tra vita consacrata e mistero della Chiesa. Come ci dice il Concilio Vaticano II in una delle sue espressioni predilette, riprese nelle parti introduttive di molti decreti: «La Chiesa è in Cristo, come un sacramento, o segno e strumento dell'intima unione con Dio e dell'unità di tutto il genere umano» (*LG* 1a), una comunità di culto e di carità.

È opportuno a questo punto rammentarci che stiamo discutendo di *stati di vita* nella Chiesa e non dei singoli cristiani. Non vi sono due categorie di cristiani: i cristiani dell'incarnazione e quelli escatologici. Ogni cristiano, che appartenga o meno alla vita consacrata, sacerdote o laico che sia, deve vivere entrambi gli aspetti del mistero di Cristo, se vuole essere un cristiano autentico. Tuttavia, gli *stati di vita* visibilmente organizzati nella Chiesa sono un *segno*, destinato a servire da ispirazione, da esortazione, da stimolo a tutti i

---

[10] A volte ci si chiede perché non vi è un sacramento che dia accesso allo stato di vita consacrata analogamente ai sacramenti della vita matrimoniale o del sacerdozio. La spiegazione riportata sopra della vita consacrata che manifesta in modo visibile l'aspetto «escatologico» del mistero della Chiesa (in cui, si è detto, siamo oltre la fase dei sacramenti, dei dogmi, dei ministeri e della gerarchia) potrà aiutarci a capire il perché.

cristiani affinché vivano quel particolare aspetto della loro vita e del mistero cristiano, che testimonia visibilmente e specificamente un particolare stato. Quindi gli stati gerarchici o di ministero, in quanto distinti dalla vita consacrata, spingono e interpellano tutti i cristiani, anche coloro che appartengono alla vita consacrata, ad adempiere la missione di «incarnazione» di partecipazione e servizio in questo mondo per edificare il Regno di Dio in terra. Lo stato della vita consacrata, in quanto tale, emerge quale fulgido segno del regno eterno, della Chiesa celeste; un segno e un invito che intende ricordare a tutti i cristiani, anche a coloro che non appartengono alla vita consacrata, a tutti gli uomini, il destino ultimo degli esseri umani al di là di questo mondo, la trascendenza della vita umana, dell'impegno e del lavoro — «un segno, il quale può e deve attirare efficacemente tutti i membri della Chiesa a compiere con slancio i doveri della vocazione cristiana» (*LG* 44c). In questo senso, la vita consacrata, «attraverso una più intima consacrazione a Dio, quale avviene nella Chiesa, dimostra anche chiaramente ed esprime l'intima natura della vocazione cristiana» (*AG* 18a). La vita consacrata, in quanto è uno stato di vita, dà una testimonianza visibile della Chiesa *peregrinante* (in particolare che non abbiamo una città duratura sulla terra) e della *trascendenza del Regno di Dio* (e cioè delle sue esigenze totali e assolute di fronte agli uomini), e della *natura carismatica* della Chiesa, vista nella potenza creativa, sempre rinnovata e illimitata dello Spirito Santo che è all'opera nel suo interno[11]. Non deve stupirci che l'esortazione apostolica di Papa Paolo VI sulla Vita religiosa, *Evangelica Testificatio* inizi con questo proposito e ne faccia il *filo*

---

[11] Cf. *Lineamenta*, n. 26d.

conduttore di tutto il documento: «la testimonianza evangelica della vita religiosa manifesta chiaramente, agli occhi degli uomini, il primato dell'amore di Dio» (n. 1), cioè la sua assoluta straordinaria trascendenza.

III. Sfide reciproche e possibili risposte

In base a quanto detto relativamente al contesto contemporaneo e alle aspirazioni degli uomini e delle donne della nostra epoca, e quindi sul significato profondo della vita consacrata nella Chiesa, nessuno contesterebbe oggi il fatto che lo Spirito di Dio ci ha portato a una valutazione più articolata e integrale e a un'interpretazione viva del mistero e della missione della Chiesa, nonché delle condizioni dei nostri contemporanei.

Dei progressi compiuti nella nostra maggiore coscienza cristiana della realtà dobbiamo essere profondamente riconoscenti al Signore e all'azione del suo Spirito nella realtà odierna. Tuttavia se non vogliamo essere ingenui e semplicistici ci rendiamo conto che proprio questo cogliere in modo più puntuale la natura varia e complessa della realtà fa nascere parecchie tensioni che attualmente sperimentiamo nella vita e nel ministero. In realtà capiamo bene, proprio alla luce di quanto si è detto sopra, che alcune gravi preoccupazioni odierne sono state formulate in termini contrapposti e conflittuali che denotano la tensione fondamentale che è al centro della Cristianità e dell'ethos cristiano: fede e giustizia, continuità e cambiamento, escatologia e incarnazione, contemplazione e azione, persona e comunità, carisma e istituzione, grazia e natura, trascendenza e immanenza.

Chi non immagina, per esempio, la fonte potenziale di conflitti e di difficoltà che deriva dalla natura essenzialmente carismatica della vita consacrata, e le sue relative espressioni e manifestazioni profetiche? È forse sorprendente che in un tale contesto, le molte possibilità carismatiche di crescita e di sviluppo di un determinato istituto di vita consacrata, finiscano non di rado con l'essere contrapposte alle priorità e ai bisogni urgenti dell'azione pastorale in una Chiesa locale o particolare? Strettamente collegata con la dialettica tra istituzione e carisma o tra struttura e spirito, vi è la forte accentuazione data oggi alla polarizzazione tra legge e libertà. Il che ci porta ad affrontare direttamente il mondo dell'autorità e del suo esercizio. Chi può negare l'influenza pervasiva di fattori democratici o di tutto un contesto democratico nell'esercizio dell'autorità oggi? Come integrare praticamente un dialogo serio con un rifiuto a diluire l'obbedienza autentica e il vero esercizio dell'autorità. Conosciamo tutti i dilemmi laceranti fra autorità centrale contrapposta a autorità locale; fra centralizzazione e delega di autorità, o ciò che oggi ci piace definire «sussidiarietà».

Tutto ciò costituisce un problema serio, ulteriormente aggravato dalla netta divisione esistente fra generazioni sul piano delle idee e dei comportamenti: il così detto divario generazionale. Vi è un forte rischio di cercare di valutare il presente con criteri e modelli appartenenti al passato, e il passato con modelli e criteri appartenenti al presente. Il che provoca un'interruzione del dialogo in una realtà e in una Chiesa dove la rivoluzione relativamente recente, rappresentata da nuove forme di comunicazione, si diffonde a macchia d'olio in tutto il pianeta.

A ciò si aggiunge inoltre che c'è tutto un mondo «nuovo» per molti versi che va affrontato quando ci occupiamo delle donne, laiche o consacrate. Il senso che si dà oggi alla dignità delle donne e la loro emancipazione dovrà essere valutato molto seriamente. In questo quadro realistico, la loro formazione e il loro orientamento, il loro apostolato e ministero devono essere integrati nel contesto già complesso del ministero pastorale e i rapporti nella Chiesa.

In sintesi, se, come si è detto nell'introduzione, la vita consacrata nella storia ha mostrato una straordinaria capacità di adattarsi ai bisogni di ogni età, allora la vita consacrata oggi deve affrontare con serenità le sfide insite nei segni dei tempi della nostra epoca, e inglobare anche questi. In linea di massima la vita consacrata non potrà che giovarsi, per dare la sua più fulgida testimonianza nella nuova evangelizzazione del nostro tempo, della presa di coscienza contemporanea *dell'attinenza forte ai problemi e agli eventi della vita quotidiana* nel mondo odierno, nonché di *un senso rafforzato della dignità della persona umana*, tanto nell'ambito delle strutture e della prassi dei singoli istituti di vita consacrata che nei loro contatti apostolici esterni con i nostri contemporanei, e di un più profondo *senso di comunità e solidarietà sociale* tanto nella testimonianza che nel servizio concreto.

Per nostra fortuna, nella Chiesa e nel mondo contemporaneo sono stati fatti tentativi seri per trovare soluzioni permanenti ai dilemmi, ai conflitti e alle tensioni acute che caratterizzano la scena contemporanea. Ove questa sperimentazione è stata attentamente progettata e gradualmente valutata con una serie di criteri valutativi previsti per gli esperimenti, abbiamo assistito a risultati positivi e incoraggianti, o che la sperimentazione riguardasse l'«inserimento» apostolico nel mondo dei poveri e degli emarginati o l'«inserimento» di esigenze di fede e di giustizia nelle istituzioni esistenti; o che trattasse di strutture di governo o di modalità di esercizio dell'autorità, o dei fattori di «umanizzazione» nella vita della comunità; o che questo avvenisse nell'ambito della formazione (di piccole comunità, ad esempio) o dell'apostolato attivo e impegnato (le migliori «comunità cristiane di base», tanto per fare un esempio).

Alla luce degli insegnamenti tratti da questa sperimentazione positiva e fortemente istruttiva, si possono delineare alcuni possibili filoni di risposta alle sfide che deve fronteggiare oggi la vita consacrata. Siamo ben coscienti che i principi di un «dialogo» sono stati enunciati in modo nuovo e stimolante da Paolo VI nella sua enciclica *Ecclesiam Suam*. Essi esprimono nei loro riflessi di ampia portata grandissime possibilità non solo di migliori relazioni reciproche e cooperazione tra il mondo contemporaneo e la vita consacrata nella Chiesa, ma un rinnovamento estremamente approfondito degli stessi istituti di vita consacrata.

Il dialogo, nella sua espressione concreta, pone specifiche richieste a noi tutti. Se invita, come sempre, alla fiducia reciproca e all'apertura, chiede anche che si faccia il possibile per mantenere aperte le vie di comunicazione da ambo le parti. Comporta evidentemente una maggiore conoscenza reciproca e in entrambi gli interlocutori uno sforzo incessante di valutare e capire in piena libertà interiore la posizione e l'opinione dell'altro, senza dover per questo sacrificare la propria chiara visione basata su un impegno radicato. Tra l'altro ciò comporta un atteggiamento attivo di ricerca di modi di interloquire, agire, e reagire che, in misura diversa per tutti noi, potrebbe non corrispondere alle abitudini della nostra generazione; e anche cogliere la netta differenza che esiste fra una situazione di trasformazioni accelerate e sovvertimenti radicali e un ordine chiaro, stabile e consolidato.

Ancora, una solida comprensione teologica del «carisma» di un istituto della vita consacrata ci fa capire che i membri di tale istituto non sono i semplici depositari passivi di qualcosa di immobile e fisso nel tempo, di cui «far tesoro» e da trasmettere integralmente e fedelmente come un patrimonio prezioso alle generazioni future. Un carisma è invece una forza vitale dello Spirito vivente; in quanto tale deve crescere e evolversi, sempre beninteso tenendo fede alla sua ispirazione originaria. Così gli istituti di vita consacrata, se da un lato cercano tutti di mantenere e promuovere la vera identità del loro «carisma», devono cercare tutti di fornire un apporto vivo e dinamico di questo dono speciale alla vitalità costante della vita e della missione della Chiesa locale e universale.

Sempre sul tema della qualità della vita consacrata, possiamo aggiungere che se questa, in quanto espressione di una dimensione essenziale e insostituibile del mistero della Chiesa, deve dare un contributo originale alla vita e alla missione della Chiesa locale e universale, i membri degli istituti dovranno essere pienamente fedeli alla propria vocazione. È incoraggiante notare oggi il salutare cambiamento che si è prodotto anche nel linguaggio religioso che non parla tanto di «fare» ma di «essere»; dalla «azione» si è passati alla «missione» e da «impegno» a «consacrazione». Il che denota un corrispondente spostamento nell'ambito della vita, e cioè nella qualità della vita consacrata. Questa qualità va tenuta d'occhio affinché possa acquisire un grado maggiore di profondità. Non è difficile capire che la formazione a tutti i livelli della vita consacrata, e la formazione permanente in particolare, sarà l'elemento critico.

Tuttavia se la vita consacrata può, come si è brevemente accennato sopra, giovarsi immensamente dalle sfide del mondo contemporaneo per rendere una propria fulgida ed autentica testimonianza, la scena contemporanea e il mondo odierno hanno molto da imparare dalla vita consacrata vissuta nella sua piena autenticità.

Al centro dello spirito e del «carisma» della vita consacrata, come si evince facilmente da quanto esposto sulla sua natura, è la grazia della «libertà spirituale interiore» che fa di tale stato di vita la testimonianza visibile della Chiesa pellegrina, della trascendenza del regno di Dio e della natura carismatica della Chiesa. È opportuno sottolineare che la soluzione e l'integrazione di quelle fondamentali tensioni che sono alla base del mistero cristiano e dell'ethos cristiano, che abbiamo visto espresse in termini conflittuali e contrapposti, quali continuità e cambiamento, escatologia e incarnazione, contemplazione e azione, carisma e istituzione, ecc., non è data da una bella teoria teologica applicata dall'esterno, ma da una pedagogia dell'esperienza soggettiva interiore: l'esperienza, appunto, di far crescere e approfondire la libertà interiore. In ultima analisi, questo equilibrio di integrazione va ricercato nella persona stessa di Gesù Cristo, nella cui sola persona, o piuttosto nell'esperienza della cui persona, sono integrate quelle «tensioni» che abbiamo enumerato. Poiché l'esperienza sempre più ricca della libertà interiore è frutto di una esperienza più ricca della persona di Gesù per il fatto di averlo seguito intimamente e totalmente; e ciò si manifesta in modo pubblico, visibile e sociale nel caso specifico della vita consacrata.

È questa sfida fondamentale della libertà spirituale interiore con il corollario immediato del discernimento spirituale che la vita consacrata presenta al mondo d'oggi, un mondo arroccato in un processo di secolarizzazione e tanto profondamente segnato da cambiamenti epocali accelerati ed esplosivi, che è diventato un mondo di radicale sovvertimento dei valori. E se vi è una virtù di cui il mondo moderno, un'epoca di confusione e sconvolgimento dei valori, ha disperatamente bisogno, è il *discernimento spirituale*. Vecchio e nuovo, tradizionale e moderno, conservatore e progressista non sono i criteri in base a cui decidere cosa è vero, cosa è buono. Per questo dobbiamo cercare altrove: rivolgerci alla mente e allo spirito, all'insegnamento e alla vita di Gesù Cristo che è, nella sua persona, bontà e verità. In breve, il «discernimento», cioè la mente o i valori di Gesù Cristo, come San Paolo esortava la sua amata comunità a Filippi: «Abbiate in voi gli stessi sentimenti che furono di Gesù Cristo» (Fil. 2,5).

Conclusione

In ultima analisi, la specifica collocazione e il significato della vita consacrata nella Chiesa, quale è stato spiegato, ci porta a porci un interrogativo preciso, se o meno la sua testimonianza evangelica, e in particolare escatologica, carismatica e apertamente spirituale, viene effettivamente fornita dai nostri istituti di vita consacrata. Anche la migliore teologia della vita consacrata rimarrà sterile, se la testimonianza non verrà data effettivamente dai nostri istituti e dalle nostre comunità di vita consacrata; se non saranno e non verranno percepiti come *testimoni della città di Dio* fra i nostri contemporanei.

Il che non significa naturalmente che tutti gli istituti o le comunità di vita consacrata devono necessariamente essere o devono tendere a diventare «istituti contemplativi» di vita consacrata nel senso stretto del termine; la stragrande maggioranza degli istituti di vita consacrata nella Chiesa sono istituti apostolici attivi. Vero è che il contemplativo rende una «magnifica testimonianza della maestà e della carità di Dio come anche dell'unione nel Cristo» (*AG* 40b); tali istituti sono nella Chiesa, a seconda del loro specifico carisma, una sorta di segnale e correttivo a quella parte della missione della Chiesa che potremmo definire di «sviluppo», in quanto insegnano incessantemente, attraverso la loro viva testimonianza, che la costruzione della città terrena deve essere sempre fondata nel Signore e a lui essere diretta, affinché non avvenga che lavorino invano quelli che la stanno costruendo (*LG* 46b). Ma anche i molti istituti di vita consacrata dediti ai vari campi dell'apostolato attivo, in conformità con il proprio carisma, hanno un'immensa responsabilità di far risplendere la testimonianza specifica della vita consacrata nelle proprie esistenze e attraverso il proprio servizio attivo (c. 673). In altre parole, il servizio che rendono deve evidenziare maggiormente il valore-segno escatologico *della libertà spirituale, del distacco, della rinuncia*, nell'essere altruistico e disinteressato, umile e impegnato; i loro tipi di servizio, in quanto istituti carismatici, dovrebbero contraddistinguersi per un'audacia creativa e una freschezza che trae linfa vitale e ispirazione dallo Spirito Santo; la loro azione dovrà distinguersi, in una fulgida testimonianza, come permeata di contemplazione.

Tutto ciò riveste un carattere di grande urgenza nel mondo contemporaneo, e per la missione della Chiesa nel mondo contemporaneo. Una tale missione indubbiamente farà sì che le molte migliaia di coloro che sono membri di istituti di vita consacrata dediti all'apostolato attivo siano tenuti ad inserirsi appieno, in spirito di servizio, nella lotta per lo sviluppo e l'edificazione della città terrena, vuoi nel campo sociale o in quello economico, o scientifico o educativo; il che spalanca vasti orizzonti di servizio apostolico, in particolare se pensiamo che il mondo futuro viene forgiato e plasmato dalle rivoluzioni sociali che oggi lo agitano. Ma, proprio a causa di ciò, sarà speciale compito degli istituti di vita consacrata, in virtù del loro specifico carisma, porsi a forte memento alla Chiesa e al mondo che questo aspetto di essere attivamente coinvolti non esaurisce certo la realtà del mistero cristiano e della missione cristiana, poiché, come abbiamo detto, vi è l'aspetto escatologico o redentivo. Poiché se da un lato la Chiesa si impegna positivamente nelle realtà e nei compiti terreni, la sua principale missione, che si esprime così eloquentemente nell'Eucaristia, è inglobare queste realtà e questi compiti in un'ampia liturgia cosmica, di consacrazione e culto del Re di tutte le età e del Signore della storia. E in ciò, riteniamo, si pone il pressante significato e la necessità della vita consacrata, nella sua caratteristica testimonianza, per la missione della Chiesa e per il mondo di oggi. E in un mondo che attualmente è tragicamente afflitto da lacerazioni e in balia di forze che creano spaccature di ogni tipo, che cosa possiamo dire dell'urgenza e tempestività della missione degli istituti di vita consacrata, che testimoniano in modo eminente «dell'intima unione con Dio e dell'unità di tutto il genere umano» (*LG* Ia; cf. c. 602)?

Se dovessimo riassumere con un'unica frase chiara e incisiva il ruolo della vita consacrata in un mondo fortemente secolarizzato, tutto teso spasmodicamente allo sviluppo umano e tecnologico, diremmo che deve fungere da costante e forte richiamo e segno del fatto che *la persona umana non può essere una persona umana perfetta, anche nella sua dimensione umana, se, in unione con gli altri uomini, e in virtù della libertà interiore della rinuncia e del dono di sé, non diventa figlia di Dio.*

HERBERT ALPHONSO S.J.

CONSIGLI EVANGELICI TRA TEOLOGIA E DIRITTO

Dal Codice del 1917 al Codice del 1983

INTRODUZIONE

Lungo la storia il progresso nell'intelligenza dei consigli fu più volte preparato, ed andò di pari passo, col venir in evidenza dello specifico di nuove forme di vita consacrata. Proprio questo intreccio tra sviluppo dottrinale e istituzionale, rotante intorno alla comprensione dei consigli, ci ha spinti ad un approfondimento teologico-canonico della tematica. Ancora oggi si tratta di una problematica assai attuale nel contesto dei Movimenti ecclesiali[1], nei quali risulta forse con particolare evidenza l'ecclesialità dei consigli evangelici. Spesso in questi Movimenti si struttura, proprio a partire dai consigli, tutta una vita ecclesiale.

Fino all'immediato periodo pre-conciliare una visione piuttosto ascetico-moralizzante e una prassi giuridica assai limitata al Codice Pio-Benedettino — basti pensare all'invito pressante dell'allora Sacra Congregazione per i Religiosi, di assumere nelle proprie costituzioni le parole giuridiche del testo codiciale — non hanno tanto favorito l'elaborazione teologica della dottrina dei consigli evangelici, e di conseguenza una loro adeguata inquadratura nel diritto ecclesiale.

---

[1] Cf. *La vita consacrata e la sua missione nella Chiesa e nel mondo. Lineamenta*, Vaticano 1992, n. 24, 40.

In un contesto del genere il Concilio si trova dunque, si potrebbe dire quasi all'improvviso, a parlare dei consigli evangelici in chiave teologica.

1. *Il Codice del 1917*

Va considerato il notevole progresso che costituì ancora il Codice del 1917, perché non si può dimenticare il passo assai importante che esso segnò nella storia della compilazione del Diritto dei Religiosi, visto che fino ad allora la Chiesa non aveva mai emanato una legislazione sistematica e completa per i Religiosi. Si disse infatti di questo Codice: «In questa seconda parte del libro II, la quale contiene la maggior parte del diritto regolare, si sono introdotte più che in verun'altra materia, più numerose e più radicali innovazioni del Diritto antico»[2]. Fino al Codice Pio-Benedettino, infatti, il Diritto dei Religiosi era sostanzialmente sotto il regime delle Decretali, le prime delle quali risalivano ancora al 1234[3].

Eppure il Codice del 1917 stabiliva semplicemente, al c. 487, che lo stato religioso, o la forma stabile di vita in comune nella quale si assumono, oltre ai precetti comuni, anchi i consigli evangelici di obbedienza, castità e povertà per mezzo di voti, va tenuta in onore da tutti; e non dava nessuna definizione dell'oggetto dei tre voti. A parte il fatto che il c. 487 definiva esclusivamente lo stato religioso, e non la vita consacrata, esso non precisava né presentava la materia dei

---

[2] Cf. *Il nuovo Codice di Diritto Canonico*, in *Civiltà Cattolica* 68 (1917/III) 498.

[3] Cf. M. S, *Introduzione al Nuovo Diritto degli Istituti Religiosi*, in AA.Vv., *Gli Istituti religiosi nel Nuovo Codice di Diritto Canonico*, Milano 1984, 23-25.

consigli evangelici e tanto meno il loro fondamento teologico.

2. *I consigli evangelici nel Vaticano II*

Sono quattro i documenti conciliari di rilievo per quanto riguarda la dottrina dei consigli evangelici: *LG, PC, AG* e *PO* e nei quali il Concilio dimostra una continua e faticosa presa di coscienza degli elementi costitutivi della vita consacrata, in particolare dei consigli evangelici, staccando questi ultimi sempre più da una visione ascetico-moralizzante.

Visto l'humus dottrinale nel quale viene ad inserirsi in materia il Vat. II, uno dei suoi meriti non irrilevanti risulta quello di non aver mancato, superando non poche ostilità, sia di asserire fermamente l'origine divina dei consigli (cf. *LG* 43), sia di considerare la vita consacrata per mezzo di essi nel suo luogo ecclesiologico. E ciò non solo in maniera formale, dando ad essa il proprio posto nella Costituzione dogmatica sulla Chiesa, ma in maniera molto più profonda e più propria nelle sue affermazioni dottrinali.

Ancora al numero 39, la *LG* definisce i consigli «esempio splendido della santità della Chiesa». I consigli, tramite la carità alla quale conducono, congiungono in modo speciale alla Chiesa e al suo mistero (cf. *LG* 44 a). È la pratica dei consigli a rendere al mondo testimonianza della sua santità (cf. *LG* 39). Ed essi si collocano ancora nel cuore del mistero della Chiesa, in quanto costituiscono quel segno, che può e deve «attirare efficacemente tutti i membri della Chiesa a compiere con slancio i doveri della vocazione cristiana» (cf. *LG* 44 c).

Pur restando il fatto che il Concilio incoraggia e sottolinea in maniera meravigliosa la chiamata universale alla santità nella via dei consigli[4], risulta però altrettanto chiaro dai documenti conciliari che i consigli evangelici nella vita di alcuni cristiani assumono un significato del tutto particolare.

Quando, sullo sfondo della chiamata universale alla santità, si considerano i consigli evangelici in quanto costitutivi di un "nuovo e speciale titolo di consacrazione" — cioè lo stato della vita consacrata che, purtroppo, ancora oggi erroneamente viene identificato con la vita religiosa, cioè con una particolare forma di vita consacrata — si tratta semplicemente di mettere a confronto due modi di seguire Cristo in un impegno d'amore che non può considerarsi in un caso "con riserva" e nell'altro "senza riserva". La carità è sempre carità perfetta, cioè senza misura.

Nella forte dimensione ecclesiale di comunione, possiamo scoprire l'armonia e la fecondità d'un pluriforme cammino, senza attenuare lo splendore dei lineamenti che sono propri alla varietà delle vocazioni, tutte dono dello Spirito, e guidate da Lui in quella ricchezza di articolazioni che rendono più affascinante e completa l'edificazione dell'intero Corpo nella carità (cf. Ef 4, 16).

Pur riconoscendo che una moltitudine di consigli meritano l'aggettivo "evangelico", l'espressione "con-

---

[4] Oggi addirittura si tende con frequenza ad affermare che il Concilio abbia aperto la via della santità a tutti, ma una tale asserzione è a nostro parere priva di realismo storico. A parte che già l'invito evangelico: Siate perfetti come è perfetto il Padre mio ... è rivolto con evidenza a tutti i cristiani, ci furono grandi santi, come S. Francesco di Sales, che molto prima del Concilio Vat. II ne parlarono (cf. SAN F. DE SALES, *Traité de l'Amour de Dieu*, in *Oeuvres de S. Fançois de Sales*, Annecy 1894, tomo V, vol. II, libro VII, cap. VI, 75).

sigli evangelici" riveste un significato preciso, che il Concilio ha voluto rispettare. Esso va applicato in particolare ai tre consigli di verginità, povertà e obbedienza (cf. *LG* 42 c), che si sogliono chiamare evangelici (cf. *LG* 39), per il fatto che i consigli racchiusi in questa cosiddetta triade classica, sono espressione di tutto il radicalismo evangelico. Fatto, che come vedremo più sotto, nel contesto dei Lineamenta in preparazione al prossimo Sinodo, viene sottolineato espressamente. Ed anche gli altri documenti conciliari continuano in questa linea, cioè limitandosi, per quanto riguarda i consigli evangelici, alla triade classica.

Già nella *LG*, e poi anche nella *PC*, vengono messi in rilievo i consigli come dono del Signore fatto alla sua Chiesa, cioè la loro origine divina (cf. *LG* 43 a; *PC* 1), e l'indole propria dei vari carismi (cf. *LG* 43-44; *PC* 1), anche se non si approfondisce il rapporto tra queste due realtà. Ponendo tanto l'attenzione sui voti o sacri legami, cioè sull'aspetto istituzionale o giuridico, viene sfumato il fatto che la forza della consacrazione risiede nel dono d'amore ricevuto da Dio, cui risponde l'amore, che si esprime nell'accettazione della scelta divina da parte di chi si consacra a Lui per sempre[5].

Per quanto riguarda invece il carattere ecclesiale della pratica dei consigli evangelici, anche se la *LG* non ne parla esplicitamente, tuttavia ne afferma indirettamente il suo valore, per il semplice fatto che la trattazione dei consigli evangelici ha trovato un suo posto in essa. La trattazione sui consigli evangelici co-

---

[5] Cf. J. BEYER, *Il diritto della vita consacrata*, Milano 1989, 49.

mincia così ad uscire da una visione troppo personalistica, tentando — nel riprendere l'argomento nei documenti successivi — l'approfondimento della loro ecclesialità.

Nella *PC*, oltre a tornare a sottolineare con insistenza come suprema norma della vita consacrata la sequela di Cristo come insegnato nel Vangelo (cf. *PC* 1 a; 2 c), si parla per la prima volta, nell'ambito dei testi conciliari, di un «superiore valore della vita consacrata per mezzo della professione dei consigli evangelici, nonché [del] la sua necessaria funzione nelle presenti circostanze» (*PC* 1 d).

Lascia invece un po' perplessi, ai nn. 5 e 6 della *PC*, l'accentuazione alquanto monastica, nell'affermazione che la professione dei consigli evangelici implichi la rinunzia al mondo e che la loro pratica venga identificata con la vita nascosta di Gesù; il che non concorda con ciò che si afferma al n. 11, dicendo che la consacrazione per mezzo dei consigli evangelici negli Istituti secolari comporta una vera e completa professione dei consigli evangelici nel secolo (cf. *PC* 11a).

Nel contesto dei ripetuti accenni a ciò che è essenziale alla vita consacrata, cioè l'intima unione con Cristo, sorprende anche la descrizione "utilitaristica" che il decreto fa della vita religiosa laicale: «La vita religiosa laicale, tanto maschile quanto femminile, costituisce uno stato in sé completo di professione dei consigli evangelici. Perciò il Sacro Concilio ha grande stima di questa vita religiosa laicale poiché essa tanta utilità arreca all'attività pastorale della Chiesa» (*PC* 10 a).

Fatto di rilievo per il progresso nell'intelligenza dei consigli evangelici nella *PC* è che invece viene messo in evidenza il loro aspetto trinitario; lo si insinua già al numero 1, quando si dice che il raggiungimento della carità perfetta per mezzo dei consigli evangelici è una splendida caratteristica del Regno dei cieli, ma viene maggiormente esplicitato quando si descrive la dinamica trinitaria della consacrazione per mezzo dei consigli evangelici. Chiamati da Dio, sotto l'impulso dello Spirito Santo si segue Cristo (cf. *PC* 1 b-c), venendo così inseriti nel circuito trinitario.

Il Decreto *AG*, poi, è interessante, in quanto afferma che la consacrazione per mezzo dei consigli ha la funzione di manifestare più chiaramente l'essenza della vocazione cristiana. Essa, «attraverso una più intima consacrazione a Dio, fatta nella Chiesa, dimostra anche chiaramente ed esprime l'intima natura della vocazione cristiana» (*AG* 18 a). Ma *AG* va ancora oltre, affermando che la Chiesa non è pienamente presente in un posto, senza che vi sia presente la vita consacrata (cf. *AG* 18 c).

Nel contesto dei carismi elargiti per poter vivere concretamente la consacrazione a Dio e agli uomini, *AG* sottolinea un aspetto non tanto venuto in evidenza in *LG* e *PC* (cf. *LG* 43 a; *PC* 1), e cioè che «Gli istituti religiosi, che lavorano per l'impianto della Chiesa, possedendo in se stessi i mistici tesori, di cui è ricca la tradizione religiosa della Chiesa, devono sforzarsi di metterli in luce e di farne dono secondo il genio e la natura di ciascuna nazione» (*AG* 18 b).

La *PO*, pur non utilizzando mai nella redazione finale l'espressione "consigli evangelici", parla di obbedienza, castità e povertà, in rapporto alla vita sacerdotale, ai nn. 15-17, enucleando però dapprima al n. 14, nel criterio principale della sequela di Cristo nel fare la volontà del Padre, l'innesto dei consigli evangelici nella vita del presbitero.

Ancora nel primo Schema, si parlava dei consigli

sia nel proemio, sia al numero 9[6]. E in nessuno degli schemi che hanno preceduto il testo definitivo fu assente la trattazione dei consigli evangelici, tanto che appunto nella relazione allo Schema del maggio 1965 Monsignor Marty ebbe da precisare che ciò che è richiesto alla santità e fedeltà al Vangelo dei presbiteri nei testi anteriori, era posto soprattutto in connessione con i consigli evangelici[7], mentre appunto a partire dallo Schema dell'ottobre 1965 si cercò di evidenziare maggiormente il "proprium" del ministero sacerdotale, fino ad arrivare a parlare di virtù evangeliche sotto il titolo Peculiari esigenze spirituali nella vita del presbitero.

Nella stessa evoluzione del testo conciliare si possono rilevare come due correnti apparentemente opposte. Da un lato quella che consiste nella sempre crescente ricerca del "proprium" di una spiritualità sacerdotale che sembra dover sminuire il significato dei consigli evangelici nella vita del presbitero, evitando questa stessa terminologia, considerata troppo legata alla vita religiosa; dall'altro invece la trattazione dei consigli viene sempre più ampliata fino a formare, nel testo definitivo, 3 numeri, dal 15 al 17.

Chiaro contributo della *PO* alla dottrina dei consigli è che nell'approfondimento dei consigli in rapporto al sacerdozio è venuta maggiormente in luce la loro centralità nell'Eucaristia. Risulta così meglio focalizzata anche l'ecclesialità dei consigli, sia nella loro dimensione verticale, sia in quella orizzontale[8]. «Nel

---

[6] *Schemata Constitutionum ex quibus argumenta in Concilio disceptanda seligentur/III*, Vaticano 1962, 183; 187.

[7] *Acta Synodalia Sacrosancti Concilii Vaticani secundi/IV (VI)*, Vaticano 1980, 342.

[8] Cf. anche *PO* 16 a, ove si parla della fecondità spirituale.

Sacrificio della Messa, i presbiteri agiscono in modo speciale in nome e nella persona di Cristo, il quale si è offerto come vittima per santificare gli uomini; e sono pertanto invitati a imitare ciò che trattano» (*PO* 13 c).

Si vede emergere nei testi conciliari la carità sia come radice, sia come esigenza dei consigli evangelici — e quindi sorgente di consacrazione —, sia come méta a cui tendere per mezzo dei consigli evangelici[9]. Ed è ancora per questo amore esclusivo che parte da Dio e torna a Lui per mezzo dei consigli evangelici, sotto l'impulso dello Spirito Santo, che il credente si pone alla sequela di Cristo[10]. I consigli vengono così anche già messi in rapporto alla Trinità, ma non si approfondisce ancora la loro dimensione trinitaria.

Non avendo inoltre il Concilio approfondito la dottrina dei consigli evangelici in se stessa, ma solo in rapporto a vari aspetti della vita ecclesiale, ne risulta una terminologia non chiara per quanto concerne gli stessi consigli ed in particolare quello della castità, dal momento che il Concilio usa come sinonimi della castità: verginità, celibato e perfetta continenza[11].

3. *I consigli evangelici nei documenti post-conciliari*

Sono 12[12] i documenti post-conciliari che, escluso il nuovo Codice di Diritto Canonico ed i *Lineamenta*

---

[9] Cf. *LG* 39; 44; 46; *PC* 1; *PO* 16-17.
[10] Cf. *LG* 42; 44; 46; *PC* 1; 2; 5; 12-14; *PO* 14-17.
[11] Cf. *LG* 42; *PC* 1 a. c; 12 c; *PO* 15.
[12] *Ecclesiae Sanctae* (*ES*) II/23, in *Enchiridon Vaticanum* (*EV*)*/II*; *Renovationis Causam* (*RC*) Proemio; 2 a-c; 3; 7 c; 13 a; 35, in *EV/III*; *Evangelii Nuntiandi* (*EN*) 69b, in *EV/V*; *Mutuae Relationes* (*MR*) 10 b; 27 a; 48, in *EV/VI*; *Redemptor Hominis* (*RH*) 21 d, in *EV/VI*; *Religiosi e promozione umana* (*RPU*) Introduzione; 24 a; 22 b, in *EV/VII*; *In this extraordinary Year* 3 b. d, in

in preparazione al prossimo Sinodo dei vescovi, trattano esplicitamente — in maniera più o meno estesa — dei consigli evangelici.

Mettendo un po' alla volta meglio in rilievo le dimensioni positive dei consigli, ci si scosta sempre più, nella direzione degli indirizzi dati dal Concilio, da una concezione puramente ascetica di essi, fino ad affermare che il professare i consigli «è un qualcosa che Dio stesso opera nella persona che ha scelto» (*EE* 13). Scostandosi sempre più da un legalismo morale si ricupera poi, nei documenti post-conciliari, anche il senso più proprio e più profondo dell'ascesi (cf. *EE* 31).

Viene sempre più messo in rilievo il valore apostolico che i consigli costituiscono di per sé (cf. *RC* 2 c).

Nella *Evangelii Nuntiandi* ci si spinge addirittura ad affermare che la testimonianza dei consigli evangelici può diventare anche un efficace mezzo di apostolato nei confronti dei non cristiani di buona volontà, sensibili a certi valori (cf. *EN* 69 b).

Trova così anche una sua concreta espressione la tutela dei carismi, tanto auspicata dal Concilio e dal post-concilio[13].

I documenti che però meritano, a nostro parere, una particolare attenzione in materia, perché contribuiscono ad un suo ulteriore progresso, sono la *Evangelica Testificatio* e la *Redemptionis Donum*.

La *Evangelica Testificatio*, nata, si potrebbe dire,

EV/IX; Essential elements (*EE*) 5; 7; 9; 13; 15; 31; 45 e Norme fondamentali §§ 18-25, in *EV/IV; Gli Istituti secolari* (*IS*) II/4! II/5; *Potissimum Institutioni* (*PI*) 8-15; 17; 25, in *EV/XI*.
Per *Evangelica Testificatio* e *Redemptionis Donum* cf. sotto.
[13] Cf. J. AUBRY, *La consacrazione nella vita religiosa*, in AA.VV., *La teologia della vita consacrata*, Roma 1990, 115-116.

a titolo protettivo della vita religiosa e della sua dottrina, enunciata dal Vaticano II (cf. *ET* 1) — dato che si era arrivati a fare abusivamente appello al Concilio per rimettere in discussione la vita religiosa fin nel suo stesso principio (cf. *ET* 2) — sotto alcuni aspetti ha spalancato gli orizzonti del Concilio. L'Esortazione dedica in particolare il suo secondo capitolo ai consigli evangelici. Vengono meglio in luce la natura carismatica e cristica dei consigli e della consacrazione per mezzo di essi, la loro dimensione pasquale e umanizzante.

Mettendo in rilievo, come già fece il Concilio, la grandezza della consacrazione per mezzo dei consigli evangelici, nella *ET* si va oltre, dicendo che questo dono si compie nella Chiesa e per mezzo del suo ministero, «sia quello dei suoi rappresentanti, i quali ricevono la professione religiosa, sia quello della comunità cristiana, che amorevolmente riconosce, accoglie, porta e circonda coloro che in seno ad essa si donano, come un segno vivente» (*ET* 7 b). Il testo costituisce così una nuova sintesi del valore della consacrazione per mezzo dei consigli evangelici, nella sua ecclesialità e nella sua testimonianza.

Il Pontefice riprende inoltre in questo documento la tipologia della vita religiosa: vita integralmente contemplativa (cf. *ET* 8), vita apostolica che unisce azione e contemplazione (cf. *ET* 9-10), non limitandosi però a dare la semplice tipologia, ma prendendo in considerazione per la prima volta l'inserimento della vita consacrata in quanto tale nella pastorale della vita apostolica[14]. Si afferma cioè che essa si inserisce

---

[14] Aspetto che già 385 Padri conciliari, nel contesto delle discussioni sulla PC, insistettero venisse meglio messo in rilievo: *Acta Synodalia Sacrosancti Concilii Vaticani secundi/IV (III)*, Vaticano 1980, 540.

nella pastorale per il fatto della sua semplice esistenza, dunque l'apostolato della vita consacrata nel senso più proprio consiste nella stessa vita di consacrazione (cf. *ET* 8-10)[15].

La novità più grande che presenta, invece, la *Redemptionis Donum* è che costituisce il primo tentativo del magistero di una trattazione sistematica della consacrazione per mezzo dei consigli evangelici. Libero da ogni atteggiamento di difesa da dottrine erronee, Giovanni-Paolo II si spinge a sondare le realtà più profonde della consacrazione per mezzo dei consigli evangelici, considerandole nel quadro della redenzione. Viene così maggiormente in rilievo l'aspetto pasquale di questa consacrazione, che è costituita fondamentalmente dall'interazione tra Dio e l'uomo, tra il Dio che chiama e l'uomo che risponde a questa chiamata, assumendo i consigli come regola di vita, consacrandosi così nella forza dello Spirito all'Amore di Cristo. Consacrazione che si colloca — come già affermava *PC* al numero 5 — nella vita battesimale, trovando in questa le sue profonde radici, ma spingendosi anche oltre. La professione dei consigli evangelici, dice ancora Giovanni-Paolo II, «crea un nuovo legame dell'uomo con Dio uno e trino, in Gesù Cristo» (*RD* 7 b). I consigli evangelici non hanno solo un carattere cristocentrico, ma presentano necessariamente un aspetto trinitario, perché centrati sul dono di Cristo, al Padre, per la salvezza del mondo; dono, che è primariamente dono del Padre, a Cristo, nell'amore dello Spirito Santo. La chiamata alla sequela di Cristo per mezzo dei consigli evangelici scaturisce dal più

---

[15] Un vago cenno a questa realtà lo troviamo anche in *AG* 18a.

profondo del mistero trinitario (*RD* 3 b) e la consacrazione per mezzo dei consigli costituisce un nuovo legame col Dio uno e trino (*RD* 7 b), in un amore pervaso dalla gioia di essere di Dio solo, di essere un'eredità particolare della SS. Trinità.

È messa in rilievo qui anche la dimensione cosmica, insita nell'alleanza che scaturisce dall'interazione tra Dio che chiama e l'uomo che risponde a questa chiamata nella via dei consigli (cf. *RD* 8 c, 9 b). «I consigli evangelici nella loro essenziale finalità servono "al rinnovamento della creatura": "il mondo", grazie ad essi, deve venire sottomesso all'uomo e a lui dato in modo che l'uomo stesso sia perfettamente donato a Dio» (*RD* 9 d).

Viene attenuato inoltre il livellamento della vita consacrata. Essa viene considerata meglio nella sua realtà più ampia, pur permanendo ancora una certa non chiarezza di termini, quando si parla dell'impegno con cui si assumono i consigli, relegando questo impegno al solo concetto di voto. Una certa imprecisione nella terminologia si riscontra ancora, anche in questo documento, nell'uso indifferenziato dei termini castità, verginità e celibato.

Nella sempre crescente attenzione ai carismi, poi, viene in luce che la stessa attuazione dei consigli ne deve essere espressione (cf. *RD* 7 b).

4. *Il Codice del 1983*

Confrontando il Codice del 1917 con quello del 1983, risulta lampante il progresso fatto in materia, essendo quest'ultimo molto più ricco quanto a contenuto dottrinale, spirituale, ecclesiale ed apostolico. Esso presenta ed illustra il fondamento teologico dei consigli evangelici, il loro contenuto biblico e canonico, la forma e il modo di professarli e la loro osservanza. Per la prima volta, nei cc. 599-601, un testo legislativo precisa sia il fondamento evangelico dei consigli, sia i relativi obblighi nel contesto della vita consacrata.

Curando prevalentemente la dimensione giuridica, il Codice del 1917 si collocava molto vicino al diritto civile, mentre il lavoro di composizione del nuovo Codice fu segnato fin dall'inizio dalla ferma convinzione che «il Diritto canonico non può non essere in relazione sempre più stretta con la teologia e con la scienza sacra, perché è anche esso una scienza sacra»[16].

In questa linea il Codice attuale enuclea nei consigli i mezzi costitutivi della vita consacrata, in una profonda unità tra la loro portata teologica e quella canonica. Per quest'ultima è di non poco rilievo il riconoscimento della vita eremitica, a condizione che si professino pubblicamente i tre consigli evangelici nelle mani del vescovo diocesano (c. 603). Nel nuovo Codice, sempre a differenza del Codice del 1917, si prevedono ora vari modi di assunzione dei consigli evangelici, cioè mediante voti o altri sacri legami.

Va da sé che il Codice parli dei consigli primariamente nel contesto della vita consacrata. Essa è detta, sin dai primi tentativi di compendiarla in una definizione appropriata — tentativi che risalgono ancora al 1966 —, *forma di vita dei consigli evangelici, stabile ed approvata dalla Chiesa*, e quindi distinta dall'obbligo di tutti i cristiani di cui parla la *LG*.

---

[16] PAOLO VI, *Allocutio ad participantes Congressus internationalis Iuris Canonici penes Universitatem Catholicam a S. Corde Mediolani habiti*, in Communicationes 5 (1973) 124.

L'importanza dei consigli è tale, che senza di essi non c'è forma di vita consacrata riconosciuta dalla Chiesa. Tanto che nella relazione sui lavori della Commissione, data da P. Said dopo la nona Sessione, si afferma: «Se un istituto o alcuni fedeli desiderano consacrare a Dio la vita propria o dei consociati senza assumere questi tre consigli, con impegno confermato da voto o altro sacro legame, devono conoscere chiaramente che si collocano al di fuori dell'ambito della vita consacrata contemplata nel presente Schema»[17].

Dei consigli evangelici si parla in particolare nei canoni preliminari della vita consacrata, ma sin dalla prima fase d'elaborazione vi si fa riferimento anche quando si parla dell'ammissione nell'Istituto; poi sotto il titolo VI, che tratta degli obblighi degli Istituti e dei loro membri, sottolineando che non si intende parlare degli obblighi che insorgono dai singoli consigli, visto che questi vanno determinati dal diritto proprio. Si ricorda però che i membri degli Istituti, con la professione dei consigli evangelici, hanno risposto ad una vocazione divina e che i consigli possono sminuire gli impedimenti nel fervore della carità. La sequela di Cristo è posta, infine, come suprema regola, e con ciò, come condizione della perfezione nella carità.

I canoni concernenti i consigli dell'attuale Codice costituiscono un tentativo di compendiare in linguaggio canonico la dottrina conciliare e post-conciliare. Il primo canone delle norme comuni a tutti gli istituti di vita consacrata, il c. 573, che apre la sezione degli Istituti di vita consacrata, stabilisce nel suo primo paragrafo gli elementi teologici propri ad essa. Viene presentata la vita consacrata in se stessa: in quanto consa-

---

[17] *Communicationes* 5 (1973) 51.

crazione per mezzo dei consigli evangelici, essa costituisce una forma stabile di vita, nella quale i fedeli si donano con nuovo titolo a Dio e all'edificazione della Chiesa, seguendo Cristo più da vicino, costituendo così nella Chiesa un segno luminosissimo per preannunciare la gloria celeste. Nel secondo paragrafo vengono maggiormente in risalto gli elementi canonico-istituzionali, come l'erezione canonica e l'assunzione dei consigli mediante voti, o altri sacri vincoli: la sua realizzazione, cioè, in forme o istituti approvati dalla Chiesa.

I consigli sono posti così, in questo canone, in pluriforme rilevanza per il diritto canonico in quanto: 1) mezzi costitutivi della consacrazione; 2) forma stabile di vita; 3) assunti con voto o altro sacro legame; 4) assunti liberamente; 5) si ha la sottomissione all'autorità ecclesiastica della loro esplicitazione. Elementi teologici che vi risultano sono: 1) la sequela di Cristo più da vicino; 2) l'azione dello Spirito Santo; 3) la consacrazione totale a Dio; 4) la consacrazione all'edificazione della Chiesa; 5) il duplice nesso con la carità, in quanto per mezzo dei consigli evangelici viene conseguita la perfezione della carità nel servizio del Regno di Dio (§ 1) e in quanto i consigli conducono alla carità (§ 2); 6) il segno escatologico.

Il canone 574 afferma invece, al § 1, l'indole carismatica dello stato di coloro che si consacrano a Dio con la professione dei consigli evangelici, indicando inoltre — sempre poggiando su enunciati conciliari (*LG* 44) — il posto che occupa lo stato di coloro che nella Chiesa professano i consigli negli Istituti di vita consacrata. Al § 2 si afferma la necessità di una particolare vocazione di Dio a questo stato di vita, per usufruire di un dono peculiare nella vita della Chiesa, e per la vita della Chiesa.

Il canone 575 presenta l'origine divina dei consigli, compendiando la dottrina conciliare sui consigli in quanto fondati sulla persona, la parola e l'esempio di Cristo; il carattere di dono; la cura o il compito di custodirli da parte della Chiesa, assistita in questo dalla grazia del Signore.

Il canone 576, infine, stabilisce gli elementi che costituiscono l'ecclesialità istituzionale delle forme stabili di vita dei consigli. Risulta qui che la Chiesa deve: 1) interpretare i consigli; 2) regolarne la prassi e 3) costituire con l'approvazione canonica forme stabili di vita secondo i consigli.

La dottrina dei consigli evangelici di questi canoni, pur poggiando chiaramente sulla dottrina conciliare, è condensata nell'attuale c. 573 in maniera tutta particolare, risultandovi maggiormente evidente — forse proprio a causa dell'incisività del linguaggio di un testo legislativo — la dimensione trinitaria dei consigli. Mossi dallo Spirito Santo, cioè a causa di una vocazione divina (cf. anche c. 574, § 2), si segue Cristo più da vicino, consacrandosi a Dio per mezzo dei consigli evangelici. E fondata sulla carità, che è l'essenza stessa di Dio, la vita consacrata per mezzo dei consigli è orientata all'edificazione del Corpo mistico di Cristo e alla salvezza del mondo. Esse ha una dimensione escatologica nel suo annuncio del Regno.

La Chiesa mette chiaramente in rilievo, nella sua attuale legislazione, che la forma stabile di vita dei consigli evangelici è un dono del Signore alla Sua Chiesa (c. 575), la tutela del quale è affidata all'autorità ecclesiastica, per quanto concerne l'interpretazione dei consigli evangelici, la regola della prassi e la costituzione di forme stabili di vita (c. 576). Divina è anche la chiamata dei singoli fedeli a usufruire di questo dono peculiare nella vita della Chiesa (c. 574, § 2).

Come già nei testi conciliari, risulta chiarissimo, qui, il nesso tra consigli evangelici e sequela di Cristo, in particolare nella trattazione dei singoli consigli, ai cc. 599-601; tra consigli e consacrazione, in quanto mezzi costitutivi per la stessa consacrazione; e tra consigli e carità: la carità come fine da perseguire, la carità come originante questa particolare sequela di Cristo, e la carità — appunto in quanto sequela di Cristo per mezzo dei consigli evangelici — come mezzo che congiunge in particolar modo al mistero della Chiesa (c. 573). E proprio in questa dimensione, il c. 573 andrebbe completato dal c. 607, che di per sé tratta specificamente dei Religiosi e non parla esplicitamente dei consigli evangelici, ma sonda la profondità della consacrazione per mezzo di essi, dicendo che, in quanto consacrazione di tutta la persona, essa manifesta nella Chiesa il mirabile connubio istituito da Dio, segno della vita futura. E non solo: nella consacrazione «il religioso porta a compimento la sua totale donazione come sacrificio offerto a Dio, e con questo l'intera sua esistenza diviene un ininterrotto culto a Dio nella carità».

5. *In prospettiva del Sinodo del 1994*

I *Lineamenta* in preparazione del Sinodo dei vescovi non solo dedicano un particolare titolo della prima parte — riguardante natura e identità, e più precisamente gli elementi fondamentali della vita consacrata — ai consigli evangelici, ma ancora prima di questo speciale titolo riportano il c. 573 per la definizione della vita consacrata, dicendo che è una definizione teologica e canonica, che presenta gli elementi fondamentali della vita consacrata nella Chiesa alla luce della sintesi dottrinale della *LG* (cf. *Lineam.* 5

a-b). Poi, sempre nella stessa parte, sotto il titolo *Vocazione, consacrazione, missione*, afferma: «La vita consacrata ha in se stessa l'impronta trinitaria della *vocazione divina* che viene dal Padre, si manifesta nella dedicazione a Dio sommamente amato, si esprime nella risposta a Cristo *Signore e Maestro* che chiama alla sua sequela, mediante la professione dei consigli evangelici di castità, povertà ed obbedienza, ed è retta dalla costante azione dello *Spirito Santo* che favorisce l'accoglienza della chiamata, la fedeltà alla perfetta configurazione a Cristo e alla totale donazione al suo servizio nella Chiesa» (*Lineam.* 6 a). Si raccoglie così in una sintesi di particolare densità il movimento trinitario della chiamata alla professione dei consigli evangelici, la realizzazione della quale non è frutto di ascesi personale, ma si concretizza giorno dopo giorno grazie alla costante azione dello Spirito Santo, che favorisce la configurazione a Cristo e in Lui ci fa partecipi della stessa vita trinitaria, in totale abbandono al Padre.

Ai numeri 7 e 8, concernenti più specificamente i consigli evangelici, dopo averne ribadito l'origine divina, si insiste ancora in questa linea: «Essi comportano la grazia della conformazione a Cristo, consacrato e inviato, ed esigono un amore *personale e sponsale* per Lui, come fondamento, motivazione ultima, per poter vivere in comunione con il Signore e come Lui, nella castità verginale, nella povertà volontaria e nella totale obbedienza al Padre e al suo disegno di salvezza» (*Lineam.* 7 a).

Nella seguente presentazione dei singoli consigli, ci si limita poi a riproporre esclusivamente la dottrina conciliare e post-conciliare.

Al numero 8, invece, trova una nuova espressione la dimensione positiva dei consigli, in quanto vi si dice: «La loro pratica, animata sempre da una *profonda vita teologale di fede, speranza e carità*, in una crescente tensione verso la perfezione dell'amore, porta la persona alla maturità della vita in Cristo, favorisce la purificazione del cuore e la libertà spirituale, rende i consacrati disponibili al servizio del Vangelo». Essi ne manifestano il senso radicale e sono un "sì totale" all'amore di Dio e del prossimo e dimostrano nel nostro mondo il primato di questo amore. È ancora in questo contesto che — dopo aver ribadito l'origine divina dei consigli — si dice, precludendo qualsiasi visione restrittiva di essi, che i consigli «esigono la professione integra del Vangelo» (*Lineam.* 8 b).

Nella seconda parte, dal titolo *Varietà carismatica e pluralità di Istituti di vita consacrata e di Società di vita apostolica*, si parla poi nuovamente dei consigli, riportando sempre chiaramente testi del Vat. II, in quanto dono del Signore alla sua Chiesa e affermando che spetta all'autorità ecclesiastica la cura di interpretarli, di regolarne la pratica e di stabilire, a partire da essi, forme stabili di vita (*Lineam.* 15 a-b).

Di particolare interesse è poi nuovamente il n. 24, nel quale si tratta di nuove forme di vita evangelica suscitate dallo Spirito Santo, fondate sulla pratica dei consigli di castità, povertà ed obbedienza, distinguendole in due gruppi: a) vere e proprie forme di vita consacrata, cioè rientranti nei quadri canonici già esistenti della vita consacrata, o che, come forme complementari nuove, con il discernimento dei vescovi si avviano al riconoscimento canonico, che in quest'ultimo caso è di competenza esclusiva della Sede Apostolica; b) alcune "comunità nuove", che si presentano con peculiarità simili alla vita consacrata, ma in realtà non solo tali, o perché prive del riconoscimento canonico, o perché incompatibili con le esigenze richieste, per costituire una forma di vita consacrata, nel caso della presenza degli sposati.

Lascia invece un po' perplessi che si dica, poco più avanti: «Vi sono, però, anche molti fedeli di Cristo che nei nostri tempi, individualmente o in forma associata, hanno abbracciato la verginità o il celibato, ed anche la povertà volontaria e l'obbedienza, senza che tale impegno comporti la professione pubblica dei consigli evangelici. Anche se queste forme non sono istituti di vita consacrata o ad essa equiparati, arricchiscono la Chiesa con la prassi della vita evangelica secondo i consigli» (*Lineam.* 24 c). In questa asserzione, la vita consacrata sembra relegata ancora una volta strettamente alla professione pubblica dei consigli (cf. anche Q. 1)[18].

---

[18] Fattore che creò già serie difficoltà al riconoscimento degli Istituti secolari, finché non si definì che essi costituiscono «una vera e completa professione dei consigli evangelici nel secolo» (cf. *PF* II; *PC* 11). E anche per quanto riguarda la definizione della pubblicità nella professione dei consigli, essa resta un problema ancora oggi discusso (cf. A. GUTIÉRREZ, *Schema Canonum de Institutis Vitae consecratae*, in *Commentarium pro religiosis* 58 [1977] 17-21).

Comunque, anche nel presente testo non ci sembra di poter riscontrare una chiara distinzione tra Istituti di vita consacrata — e dunque forme canonicamente erette —, vita consacrata, e infine professione dei consigli evangelici, che però attualmente non costituisce vita consacrata. Si intuisce che la vita consacrata viene vista di per sé solo negli Istituti eretti (in fedeltà al Codice vigente), ma la si attribuisce anche già alle forme avviate verso un riconoscimento come tale. A parte questi grovigli canonici, resta oggi un problema imponente, nella Chiesa, l'approvazione di tanti movimenti ecclesiali con vastissima diffusione — che presentano al loro interno ampie schiere di persone consacrate per mezzo dei consigli evangelici — come associazione privata. Gran parte di queste persone, per una non adeguata informazione, credono di condurre una vita consacrata riconosciuta dalla Chiesa. Inoltre

Si ritorna infine ancora a parlare dei consigli al n. 26, sotto il titolo *Frutti di rinnovamento*, ove si dice: «Una coscienza più lucida dei fondamenti evangelici e teologici della vita consacrata, il suo senso *cristologico, pneumatologico ed ecclesiale*. Da qui deriva un rinnovamento della teologia della vita consacrata a partire dalle basi bibliche della consacrazione e dei consigli evangelici in vista di un effettivo rinnovamento della vita ed un maggiore discernimento dei valori». Asserzione, che ci invita ad uno sguardo d'insieme, sulla dottrina nel suo complesso, tra evoluzione teologica e canonica.

6. *Sguardo d'insieme sulla dottrina dei consigli evangelici*

Prendendo in esame la vasta quantità di pubblicazioni al riguardo[19], questo progresso nelle asserzioni magisteriali risulta strettamente legato ad un forte intreccio di progresso in materia, in campo teologico e canonico.

Nel corso della storia, la caratteristica escatologica dei consigli è stata molto spesso adombrata da una eccessiva accentuazione dell'aspetto di rinuncia[20],

---

non c'è alcuna tutela, da parte della Chiesa, di migliaia di queste persone, consacrate per mezzo di Cristo al suo servizio. C'è poi chi addirittura afferma che queste nuove forme di consacrazione vengono a sostituire quelle tradizionali: ma chi si cura di seguire concretamente la loro consistenza vocazionale?

[19] Per una più ampia bibliografia cf. H. BÖHLER, *La dottrina dei consigli evangelici dal Vaticano II ad oggi*, Roma 1992, 321-361.

[20] Basti pensare al non irrilevante influsso che ebbe il *Catechismo dei voti*, del gesuita P. COTEL, sulla formazione di tanti religiosi dalla fine del secolo scorso fino al periodo conciliare, e forse anche dopo.

della morte a se stessi che essi comportano. In questa accentuazione moralistica, che perdurò fino al Vaticano II, si perse di vista il loro aspetto positivo di vita nuova, in quanto vita più intimamente unita a Cristo, e della irradiazione che la pratica dei consigli comporta.

Solo pian piano si riuscirà a staccarsi da questa visione ascetico-moralizzante dei consigli evangelici, prima con esponenti come Danielou[21] ed Holstein[22] e poi più decisamente con l'opera di Carpentier: *Témoins de la cité de Dieu*, forse anche semplicemente per la vasta diffusione che ebbe quest'opera che, a dire dello stesso Autore, pretese essere una riedizione del Catechismo dei voti[23]. È particolare il tentativo dell'autore, di vedere i consigli in una visione trinitaria, definendoli tra l'altro «le condizioni più perfette della vita dei figli di Dio, della nostra unione alla Santissima Trinità»[24].

Le riflessioni degli autori contemporanei sui consigli evangelici si snodano in seguito, a nostro parere,

---

[21] J. DANIELOU, *Les conseils évangéliques et les aspirations des jeunes*, in *La vie spirituelle* 78 (1948) 660-674, in particolare 665; 669; 674.

[22] Cf. H. HOLSTEIN, *Le mystère de la vie religieuse*, in *Revue des communautés religieuses* 33 (1961) 65-79, in particolare 70-71. In uno studio successivo, dal titolo *Sacerdoce et conseils évangéliques*, l'autore mette la realtà dei consigli in rapporto al sacerdozio, distanziandosi chiaramente da una concezione troppo esterna del voto, che secondo lui è essenzialmente «conformità totale a Gesù Cristo, ed in Lui al Padre». H. HOLSTEIN, *Sacerdoce et conseils évangéliques*, in AA.VV., *Études sur les Instituts Séculiers/III*, Bruges 1966, 55.

[23] R. CARPENTIER, *Témoins de la cité de Dieu*, in *Revue des communautés religieuses* 28 (1956) 22-24, in particolare 22.

[24] R. CARPENTIER, *Témoins de la cité de Dieu*, Bruges 1956, 203, in particolare 46.

lungo tre tematiche principali: il fondamento biblico o meno dei consigli evangelici e i consigli evangelici in rapporto alle forme stabili di vita.

Nel primo raggruppamento si tratta di autori come Dupont, Quesnell, Legasse, Tillard, Matura, Rollin e Gutiérrez Vega, i quali, incentrando la discussione principalmente su passaggi scritturistici come quello degli eunuchi e quello sul giovane ricco, negano il fondamento dei consigli evangelici, recuperandone però la loro realtà, in un certo qual senso, in ciò che chiamano radicalismo evangelico richiesto a tutti[25].

C'è poi il gruppo di autori come Bandera[26] e Galot[27] che — provocati o interpellati da questa corrente — affermano invece il fondamento biblico dei consigli.

Un terzo gruppo di autori, come Gambari, Martelet, Gutiérrez e Lazzati, tratta invece dei consigli in

---

[25] Cf. S. LEGASSE, La «vie consacrée» selon l'Ècriture, in Vie des communautés religieuses 38 (1951) 298-311, in particolare 310. J.M.R. TILLARD, Le fondement évangélique de la vie religieuse, in Nouvelle Revue Théologique 91 (1969) 916-955, in particolare 931. L. GUTIÉRREZ VEGA, Teología sistemática de la vida religiosa, Madrid 1976 (in particolare 159-160). T. MATURA, Notes sur le radicalisme dans les évangiles, in Vie des communautés religieuses 35 (1977) 2-12, in particolare 9. B. ROLLIN, Le radicalisme des conseils évangéliques, in Nouvelle Revue Théologique 108 (1986) 532-554, in particolare 532.

[26] Cf. in particolare A. BANDERA, ¿Radicalismo evangélico o pluralismo? Sobre el origen de la vida religiosa en la Iglesia, in Confer 11 (1972) 7-60 e Consigli evangelici e chiamata universale alla santità, in Vita consacrata 18 (1982) 328-349; 398-424.

[27] Cf. in particolare J. GALOT, Il problema dell'istituzione e della specificità della vita consacrata, in Vita consacrata 20 (1984) 81-93 e Vivere con Cristo, Milano 1967.

rapporto alle forme stabili di vita, col forte rischio di incentrarli principalmente nella vita religiosa[28].

Nell'approfondimento della dottrina sui consigli evangelici negli autori contemporanei, ci sembra infine di riscontrare, in autori come Balthasar e Beyer, degli elementi per una riflessione nuova, in quanto essi considerano i consigli in rapporto alla Trinità, superando in ciò di gran lunga tentativi come quelli di Carpentier.

Balthasar nel 1948, in *Der Laie und der Ordensstand*, parte da una visione nettamente cristocentrica, dicendo che la rinuncia che comporta la vita secondo i consigli non si compie per propria utilità e tanto meno si identifica con la perfezione, ma costituisce il presupposto per poter fare di tutta la vita un'espressione della vita di Cristo[29]. La vita secondo i consigli evangelici è per von Balthasar qualcosa di integrale, di totalizzante, e non un affare di specialisti. Ed è questa presenza totalizzante nella Chiesa, che impedisce al particolare di dimenticare lo spirito della totalità cattolica[30].

Nella sua opera *Gli stati di vita del cristiano* passa, poi, da una impostazione inizialmente cristocentri-

---

[28] Cf. E« GAMBARI, *Elementi costitutivi della «vita religiosa»*, in *Vita religiosa* 5 (1969) 581-589; 6 (1970) 98-106; 157-165. G. MARTELET, *Sainteté de l'Église et vie religieuse*, Toulouse 1964 (in particolare 70). A. GUTIÉRREZ, *Lo stato della vita consacrata nella Chiesa. Valori permanenti e innovazioni*, in *Monitor Ecclesiasticus* 110 (1985) 43. G. LAZZATI, *Consacrazione e secolarità*, Roma 1987 (in particolare 25-28).

[29] H.U. BALTHASAR V., *Der Laie und der Ordensstand*, Einsiedeln 1948, p. 47. Pensiero che l'autore ripete anche in seguito, in *Radicalisme évangélique*, in *Vie consacrée* 47 (1975) 238-239.

[30] Cf. H.U. BALTHASAR V., *Zur Theologie der Säkularinstitute*, in *Geist und Leben* 29 (1956) 191.

ca, e proprio attraverso di essa, ad una visione trinitaria dei consigli[31]. Gesù, «il Maestro obbediente apre con la sua obbedienza a Dio Padre uno sguardo rivelatore nella profondità del Dio Trino d'Amore, dove l'atteggiamento d'amore del Figlio è dare espressione eterna al segreto originante paterno in completa trasparenza»[32].

Nella vita secondo i consigli si ripresenta al mondo l'unità ecclesiale ed infine trinitaria tra obbedienza e missione, tra abbandono alla volontà del Padre ed espressione responsabile di questa volontà nella propria vita. «La stessa Chiesa della nuova alleanza è un prodotto di totale donazione o di vita secondo i consigli evangelici»[33].

Beyer, invece, parte già nel 1954 da una impostazione trinitaria dei consigli evangelici, facendo precedere, nella sua opera *Les Institus Séculiers*, i quattro capitoli dedicati ai consigli da un capitolo su *Vita trinitaria e perfezione*[34].

In *Théologie de la vocation*, del 1956, situa la vocazione alla pratica effettiva dei consigli nella vocazione del cristiano in genere, la quale già di per sé è «vocazione alla vita trinitaria»[35], specificando però che la

---

[31] H.U. BALTHASAR v., *Gli stati di vita del cristiano*, Milano 1985, 158 ss.

[32] H.U. BALTHASAR v., *Zur Theologie des Rätestandes*, in AA.VV., *Das Wagnis der Nachfolge*, a cura di St. RICHTER, Paderborn 1964, 46.

[33] H.U. BALTHASAR v., *Evangelische Räte in der heutigen Welt*, in *Civitas*, 191.

[34] J. BEYER, *Les Instituts Séculiers*, Bruges 1954, 98-107.

[35] J. BEYER, *Théologie de la vocation*, in *"Viens, suis-moi". Signification et pédagogie de la Vocation. Cahiers de la Roseraie V*, Bruges 1956, 56.

prima esige una grazia particolare, nel senso di una chiamata speciale[36].

Particolare densità acquista però la dottrina sui consigli evangelici in un articolo del 1991, dal titolo *La vie consacrée. Perspectives d'avenir*[37], nel quale dice: «Se l'essenziale della vita consacrata consiste nella vita per mezzo dei consigli, se questa consacrazione trova la sua origine in Dio che chiama e si compie in Gesù Cristo, come risposta a questa vocazione divina, la consacrazione appare meglio come dono mutuo d'amore divino. Questa vita d'amore si situa infine nella vita trinitaria: essa è chiamata del Padre nel suo Figlio che offre questa consacrazione per e nel suo sacrificio come risposta consacratoria di colui che accetta e vuole vivere nella forza dello Spirito»[38].

E in una visione che non si ferma semplicemente agli aspetti terreni della vita di Cristo, afferma: «Bisogna vedere nei consigli un'espressione dell'amore della S. Trinità, ove la dipendenza delle persone oltrepassa ogni forma d'obbedienza, ove la povertà è espressione del dono totale e la castità della pienezza dell'amore mutuo così vissuto eternamente»[39].

Per quanto riguarda la dottrina dei consigli evangelici è venuto dunque sempre meglio in rilievo che l'orizzonte della consacrazione per mezzo di essi è la carità di Cristo, dono al Padre e nel Padre agli uomini. Origine e fine dei consigli evangelici stanno nella carità.

---

[36] *Ibidem*, 67.
[37] J. BEYER, *La vie consacrée. Perspectives d'avenir*, in AA.VV., *Unico Ecclesiae servitio*, Ottawa 1991, 241-266.
[38] *Ibidem*, 251.
[39] *Ibidem*, 256.

La loro origine sta nella carità in quanto chiamata di Dio, dono di carità, alla sequela di Cristo, comune a tutti i cristiani, ma diversa per l'intensità del dono che unisce a Cristo e con Lui al Padre nello Spirito. Il fine dei consigli evangelici, invece, sta nella carità in quanto evento pasquale, culmine della manifestazione della carità divina.

È sempre in questa sequela di Cristo più da vicino che si colloca anche la particolare centralità dell'Eucaristia per e nella realizzazione di ogni consacrazione per mezzo dei consigli evangelici. Come l'unità tra Padre e Figlio trova la sua massima espressione nella morte e resurrezione del Figlio, ove il Figlio aderisce in pieno al "movimento trinitario" che è essenzialmente carità e tiene salda l'unità tra le divine persone, in simil modo il consacrato trova il senso di ogni sua donazione nel deporre sempre nuovamente la propria vita sull'altare per unirla più profondamente al sacrificio di Cristo, per fare, immolato in Lui, un dono continuo della propria vita al Padre, animando il mondo con la Sua carità.

E per mezzo di Cristo la stessa unità dei consigli evangelici si pone, infine, nella partecipazione alla vita trinitaria e nella sua imitazione, in quanto essi sono espressione di quella carità del Padre di cui fu espressione il Verbo, nella sua vita vissuta in piena dipendenza, nella povertà del cuore e in piena obbedienza alla volontà di Colui che lo ha inviato. È nel Cristo, nel quale la Trinità si apre all'umanità, che si chiudono a noi unità e diversità dei consigli evangelici. Essi non sono solo espressione di un unico atteggiamento filiale del Cristo, ma sono anche aspetti diversificati della Sua vita vissuta a lode del Padre per la salvezza del mondo.

CONCLUSIONE

Come già accennato, con l'elaborazione dottrinale dei consigli evangelici, o anzi precedendola e originandola in quanto tale, vediamo lungo la storia svilupparsi nuove forme di vita consacrata. Così già la dottrina dei consigli evangelici di S. Tommaso nacque in risposta alla nascita dell'ordine dei Frati Predicatori[40]; e anche al sorgere del nostro secolo, l'approfondimento dottrinale acquistò particolare vitalità a causa dello svilupparsi degli Istituti secolari[41], considerati da Balthasar preludio dei Movimenti ecclesiali, i quali ancora una volta richiedono un ulteriore approfondimento della dottrina[42].

I Movimenti ecclesiali, ancorati in una ecclesiologia fortemente comunionale, nascono non rare volte a partire dalla ed intorno alla vita consacrata per mezzo dei consigli evangelici. E vi si potrebbero addirittura scorgere i consigli compresi nel senso più profondo della loro ecclesialità. Lo stesso Codice, in un certo senso, è venuto molto incontro a queste nuove realtà, anche se solo indirettamente. Ma sottoponendo l'esplicitazione dei consigli ai carismi, incoraggia in qualche modo questi Movimenti a cogliere la caratteristica che è loro propria nella pratica dei consigli e ridestarli nel loro essere propulsori della stessa vita della Chie-

---

[40] Cf. C. MOLARI, *Teologia e Diritto Canonico in San Tommaso d'Aquino. Contesto storico ed analisi dottrinale delle opere polemiche sulla vita religiosa*. Tesi di Dottorato della Pontificia Università Lateranense, Roma 1961, 201-203.

[41] Ricordiamo la novità che costituì lo stesso cap. 11 della *PC*, nel quale si afferma che gli Istituti secolari comportano una vera e completa professione dei consigli evangelici nel secolo.

[42] H.U. BALTHASAR V., *La sfida degli Istituti secolari*, in Communio(*I*) 10 (1981) 81.

sa. Anzi, in un certo senso li comprende prevedendo nell'attuale c. 605 nuove forme di vita consacrata.

Ciò nonstante c'è ancora del cammino da compiere nell'elaborazione dottrinale e canonica dei consigli e della loro rilevanza nel complesso di questi Movimenti. Sono oggi migliaia le persone consacrate in essi, ma non contemplate dal diritto ecclesiale[43].

Certo un tale cammino non sarebbe possibile, senza il progresso già compiuto e il substrato teologico che oggi ci presenta il diritto ecclesiale in materia. Lo spostamento da una totale incentrazione di essi nei voti, alla consacrazione per mezzo di essi, segnò l'abbandono di una impostazione plurisecolare.

Negli odierni Movimenti ecclesiali i consigli vanno colti sempre più profondamente nella loro realtà comunionale. Non ci sembra che l'elaborazione teologica della dottrina in termini di comunione trinitaria vada a caso di pari passo con delle intuizioni d'impostazione trinitaria nell'esplicitazione dei consigli, come le possiamo riscontrare in alcuni Movimenti ecclesiali odierni.

HEIDEMARIE BÖHLER

---

[43] Cf. nota 18.

ORIGINALITÀ DEI CARISMI
DI VITA CONSACRATA

La vita consacrata è vissuta nella Chiesa come dono dello Spirito. Essa invita ad imitare Cristo, seguendolo più da vicino ed imitandolo più fedelmente[1], donandosi ed unendosi a Lui per vivere ciò che Egli è stato, come Verbo Incarnato, nella filiazione divina: povero, casto e obbediente. La sua povertà consiste nell'essere l'immagine del Padre; egli ha riportato tutto al Padre. Il suo amore filiale, unico, lo rende pienamente dipendente dal Padre in un dono totale d'amore mutuo, dono che Padre e Figlio amano e che, nella Santissima Trinità, è il loro Spirito. Lo Spirito Santo ama coloro dei quali è l'Amore del loro Amore. Tutto ciò che Padre e Figlio si donano mutuamente, è dono d'Amore nello Spirito, che è Amore.

Ogni carisma nella Chiesa è dono del Padre nel suo Figlio, che riceve ed esprime quest'amore donandoci il suo Spirito, i suoi doni, i suoi carismi, i suoi ministeri e le sue missioni.

Varietà di carismi

La vita consacrata è di una ricchezza e di una varietà inaudite; espressione dell'amore del Verbo Incarnato, essa vive ciò che è stato Gesù: pregando nel silenzio della solitudine, agendo in mezzo agli uomini

---

[1] (*L.G.*, n. 44c: pressius imitentur; *P.C.*, n. 1b-c. Il codice di diritto latino (*C.I.C.*) lo esprime sin dal c. 573 § 1. Vedi *Lineamenta* (*Lin*) n. 6.

nel testimoniare il Padre per mezzo della sua predicazione, delle sue opere di carità, della sua testimonianza di verità, del suo esempio di dono totale[2], ma vivendo anche in mezzo agli uomini, in una presenza che prega e agisce in pieno mondo. È ciò che vogliono imitare gli istituti secolari e tanti gruppi nuovi, tramite la loro testimonianza di vita consacrata nella Chiesa e nel mondo[3].

La vita consacrata è vissuta oggigiorno anche nei «movimenti ecclesiali»[4]. Movimenti che riuniscono in un solo spirito tutti gli ordini di persone: sacerdoti e diaconi diocesani o secolari[5], coniugi, genitori e famiglie intere, celibi, giovani e bambini. Tutti vivono secondo lo spirito del Vangelo, con fervore, nell'unità della carità. Alcuni vivono in essi i tre consigli evangelici; tutti vi si ispirano; sull'esempio di Cristo, essi vivono «questa vita evangelica» nella filiazione divina, nella grazia dello Spirito[6].

---

[2] Il codice ha espresso molto bene ciò al c. 575. Questo sottolinea il carettere carismatico della vita consacrata, che imita la vita di Cristo. Vedi anche il c. 577, che si riferisce esplicitamente alla varietà di questi doni, che esprimono un aspetto particolare della vita di Cristo.

[3] Vedi per gli I.S. *P.C.*, n. 11; *C.I.C.*, cc. 710-711; 713 § 1; 714; *Lin.*, nn. 18b; 22. Per questi nuovi movimenti vedi *C.I.C.* c. 605.

[4] Vedi *Lin..*, n. 24. Cfr. il nostro studio «*Les mouvements nouveaux en Eglise*», in *Renouveau du droit et du laïcat dans l'Eglise*, Paris, Tardy, 1993, 184. Vedi 143-166.

[5] Questa distinzione è legata al c. 294, che riguarda i sacerdoti che non sono «diocesani», ma sono considerati «secolari». Essa potrebbe un giorno esser applicabile ai sacerdoti incardinati nei movimenti ecclesiali.

[6] L'espressione «vita evangelica» ha qui un senso particolare. Non è l'equivalente di «vita consacrata».

Non si finirà mai di imitare Gesù Cristo. La fedeltà nel seguirlo sempre più da vicino, più fedelmente, si avrà grazie alla varietà e alla novità di doni e carismi differenti, adatti alla vita della Chiesa in questo mondo[7].

Quest'imitazione di Gesù, Figlio del Padre, è stata vissuta sia nel deserto dagli eremiti[8], sia in mezzo alla città da vergini consacrate[9], da vedove che assumevano i medesimi impegni[10]. Queste ultime hanno formato l'«Ordine delle vergini».

Allorquando gli eremiti hanno cercato una direzione spirituale, un «Abbà», un padre, hanno formato dei gruppi e si sono riuniti in monasteri; pur restando sempre solitari, essi divennero anche cenobiti; fondarono in Occidente l'«Ordine dei monaci», i quali, viste le diverse osservanze, si distinsero a poco a poco in ordine benedettino, certosino, cistercense. I benedettini conobbero ispirazioni e fondazioni diverse: camaldolense, olivetiana, vallombrosa. Anche questi conobbero un po' alla volta famiglie diverse, che ebbero in alcune abbazie il loro centro: Monte Cassino, Subiaco, e, più recentemente, Solesmes; la Pierrequi-vire, e altre.

Come ideale di povertà sorse il francescanesimo; come predicatori nacquero i domenicani. Essi sono «fratelli», mobili; non vivono in monastero, si riuni-

---

[7] Vedi *C.I.C.*, cc. 577 et 605.
[8] Vedi *C.I.C.*, c. 603.
[9] Vedi *C.I.C.*, c. 604.
[10] Vedi *Le droit de la vie consacrée*, Paris, Tardy, 1988, 2 vol., I *Normes communes*, 223 e II *Instituts et sociétés*, Trad. italiana: *Il diritto della vita consacrata*, Milano, Ancora, 1989, vol. unico, 642. Vedi 177-190, ove ci riferiamo al loro statuto approvato dal Card. Lustiger nel 1983 e riconosciuto da Roma nello stesso anno.

scono in conventi; si rivolgono al popolo, lo riuniscono, insegnando con l'esempio e la predicazione. Tra loro sono ancora varie le osservanze: frati minori, frati eremiti, conventuali, cappuccini.

La vita consacrata femminile conobbe innanzitutto dei «second'ordini»; essa venne sottoposta ad una clausura stretta, fatto che le impedì poi di avere una azione apostolica diretta. Fu san Vincenzo de' Paoli a liberarla da questo rigore claustrale, evitando la professione per mezzo di voti «pubblici»: le Figlie della Carità fanno voti silenziosi, annuali, che verranno chiamati «privilegiati», per evitare di dire che sono «privati»[11].

La piena mobilità apostolica si farà strada un po' alla volta. Essa, nel senso pieno del termine, sarà opera di sant'Ignazio di Loyola. All'inizio, egli non penserà altro, se non di fare un solo voto, quelli di dipendenza dal Papa, come obbedienza speciale per la missione[12].

Dopo la rivoluzione francese, le Congregazioni femminili seguirono, in quanto era possibile, questa «via apostolica»; esse abbandonarono la clausura monastica per vivere in comunità di vita apostolica; esse si dedicarono alla cura dei malati, all'insegnamento dei fanciulli, dei giovani. Questo apostolato conoscerà una enorme varietà e favorirà un'attività missionaria sorprendente. Esso deve essere oggi sempre più

---

[11] Veramente questi voti, determinati e riconosciuti dalla Chiesa, sono pubblici.

[12] Questo voto, espresso oggi esplicitamente dai professi, impegna tutta la Compagnia e ognuno dei suoi membri. Vedi anche il senso e il valore dei voti «condizionati», emessi nella Compagnia, e l'utilità che essi possono avere in varie forme attuali di vita consacrata. Vedi J. Beyer, *De votis in Societate Iesu condicionatis*, in *Periodica* 80 (1991) 187-218.

dottrinale; supera la semplice catechesi e presuppone una migliore formazione dottrinale e spirituale[13].

Perché questa carrellata rapida e breve di un'evoluzione così diversa, ricca ad attuale? Per comprendere meglio l'azione dello Spirito, sì, ma anche per ricondurre questa vita al suo centro: la filiazione divina, alla quale essa partecipa, grazie all'incarnazione del Verbo, che essa imita sotto l'impulso dello Spirito. Essa si situa, come ogni vita cristiana, nella vita trinitaria in modo profondo e definitivo.

Ricordare ciò oggi, è più che necessario. Una volta di più la vita secondo i consigli corre il rischio di essere determinata da una terminologia speculativa, la quale, a partire da un ragionamento teologico, classifica e rende uniforme; questa classificazione non corrisponde all'ispirazione dello Spirito.

La vita degli istituti di vita consacrata è stata conosciuta come «vita religiosa» a motivo dei voti riconosciuti, accolti e ricevuti dalla Chiesa. Raggruppati, hanno formato degli «ordini», che ogni volta hanno voluto sottolineare dei tratti tra loro comuni, fino ad arrivare a perdere la propria identità. Il Concilio Vaticano II ha subito gli effetti negativi di quest'evoluzione sistematica; esso mantiene le distinzioni: «chierici o laici»[14]; «chierici, laici e religiosi»[15], fino a sottoli-

---

[13] È sempre più auspicabile, o meglio, necessaria, una formazione teologica per le religiose, che traggono sempre profitto dal seguire dei corsi di teologia in facoltà o seminari.

[14] *L.G.*, n. 43a; *C.I.C.*, c. 207 § 1. Ogni battezzato è «Christifidelis», fedele cristiano (*C.I.C.*, cc. 204 § 1; 208); egli diviene laico per vocazione, quando fa la sua scelta di vita definitiva. È ciò che suggerisce il c. 224 del codice. Vedi a questo riguardo il nostro studio *Le laïc dans l'Eglise*, in *Renouveau...* (cf. nota 4), 103-114; trad. italiana in *Vita consacrata* 25 (1989) 254-263.

[15] *L.G.*, n.31a; questo testo è ripreso dal codice dei canoni

neare sempre più la virtù di religione a causa dei voti, e della vita comune, considerata essenziale alla vita religiosa[16].

Gli istituti secolari hanno avuto il doppio merito di aver situato la loro vita consacrata nella Chiesa, liberandosi dalla denominazione di «religiosi» che, loro malgrado, fu mantenuta nel cap. VI della «Lumen Gentium». E ciò avvenne, contrariamente alle proteste di alcuni Padri, i quali volevano parlare di «vita consacrata» o di «pratica dei consigli evangelici». Come ultima risorsa, essi sottomisero il loro problema al Papa Paolo VI, ed ottennero «in extremis» — nonostante il titolo del decreto «Perfectae Caritatis», che trattava del «rinnovamento della vita religiosa» — che al n. 11 di questo decreto fosse inserita questa frase: «Gli istituti secolari, *pur non essendo istituti religiosi*, tuttavia comportano una vera e completa consacrazione di vita». Ciò fu un'azione forzata, che salvò l'identità di questi istituti, chiamati «secolari», collocando così nella Chiesa la loro «vita consacrata mediante i consigli evangelici»[17]. Fatto che li ha liberati dal concetto di «vita religiosa» e ha posto la loro vita non più

---

delle Chiese Orientali (*CCEO*) del 1990 al c. 399. Ne consegue che il termine «laico» non ha lo stesso significato nel diritto latino e nel diritto orientale. I «lineamenta» non hanno affrontato questa questione. Essi parlano dei fratelli «laici» al n. 18a; n. 19b; n. 21 ecc. Sottolineando l'importanza del *CCEO* al n. 4 § 3, i «Lineamenta» tengono conto del codice in riferimento alle società di vita apostolica (*Lin., n. 18c*), ma lo ignorano riguardo al laicato.

[16] I voti hanno assunto un tale rilievo nella dottrina e nel diritto della Chiesa, che essi hanno fatto dimenticare il senso profondo dell'atto d'amore che esprime la professione dei consigli evangelici.

[17] *P.C.*, n. 11; Mp. *Primo Feliciter*, V, in *Acta Apostolicae Sedis*, 40 (1948) 285-286.

sotto l'emblema della virtù di religione, bensì come pratica della virtù teologale della carità. Cosa che il decreto «Perfectae Caritatis» ha assai giustamente sottolineato per tutta la vita consacrata per mezzo dei consigli evangelici.

Resta il pericolo, visto il nome di religiosi, che il termine «vita consacrata» sia assunto come sinonimo di «vita religiosa». È difficile evitare questa confusione. Ci si domanda talora perché. La ragione è semplice: per così tanto tempo non si è riconosciuta a ogni categoria di persone, secondo la loro vocazione, le loro grazie e doni propri, una denominazione teologica e canonica esatta, che non si possono impedire queste false prospettive.

Che fare? Evitare, cioè sopprimere, i termini «religiosi», «vita religiosa». Essi, d'altronde, si limitano ad alcuni elementi, che non sono essenziali: i voti — che anche gli istituti secolari hanno —, la vita comune, generalizzata qui come un concetto astratto: vivere insieme, in una casa comune, secondo un ritmo di vita identico per tutti, vita che si vuol vedere scandita dalla liturgia delle ore, come quella dei monaci e delle monache, e da altre pratiche comunitarie: capitolo, pasto in comune, etc. Molti istituti di vita apostolica non possono osservare queste usanze; è cosa difficile da mantenere per i fratelli di san Francesco e di san Domenico, vista la loro itineranza apostolica, sempre più forte.

Per rispettare la vita e i doni dello Spirito, bisogna evitare queste generalizzazioni, lasciare a ciascun istituto la libertà di affermare la sua propria fisionomia, il suo ritmo di vita, i suoi costumi. Molti, per mantenere la propria identità carismatica, hanno dovuto ottenere l'approvazione ecclesiale sotto forma di «privilegi». Questi ultimi sono altrettante deroghe ad un concetto comune di vita religiosa, d'ispirazione cenobitica, che dettava legge, soprattutto per gli istituti femminili. Il ruolo dei dicasteri responsabili della vita religiosa, da questo punto di vista, è stato negativo, vale a dire distruttivo.

Tuttavia, si può fare un primo sforzo al riguardo. Si può, per spiegarci meglio, distinguere gli istituti *monastici, conventuali, apostolici, secolari*. Queste distinzioni permettono già meglio di rispettare doni e carismi. Ma che fare per la verginità consacrata, l'eremitismo, la vedovanza, anch'essa consacrata — vedovanza di uomini e di donne —, che vogliono donarsi totalmente a Dio, vivere i tre consigli evangelici e rispettare l'unione che ha stabilito il loro matrimonio e che si vive in Dio, nel quale si raggiunge il coniuge defunto[18]?

Se il Sinodo dei Vescovi, riunito nella IX assemblea ordinaria, vuole fare opera di verità e rispettare i carismi, sarà necessario che inviti espressamente tutta la Chiesa — pastori e fedeli — a non parlare più di «vita religiosa», termine che comprende gli istituti monastici, conventuali e apostolici, fino ad alterare la figura degli istituti di piena mobilità apostolica, come quella degli istituti secolari e della vita consacrata in movimenti apostolici.

Se si parla di «vita consacrata», la si chiami almeno «vita consacrata religiosa» per distinguerla dalla

---

[18] Questo è stato il motivo per cui la *Fraternité de N.D. de la Résurrection*, associazione di vedove consacrate, ha preferito non divenire istituto secolare. Vedi *Le droit de la vie consacrée* (cf. nota 10), I, 154; *Il diritto della vita consacrata* (cf. nota 10), 177-178.

vita consacrata «secolare». Ma, tutto considerato, è meglio abbandonare questa terminologia astratta, per arrivare all'essenziale: *vita consacrata mediante i consigli evangelici vissuta in perfetta carità*. Il decreto «Perfectae Caritatis» apre così una via nuova; esso conduce all'essenziale; permette di riconoscere sempre meglio doni e carismi.

Il Codice del 1983 non ha potuto fare piena chiarezza al riguardo. Lo Schema del 1977 certo non era perfetto; esso cercava tuttavia di situare meglio gli istituti e di rispettare la loro identità[19]. Esso non fu compreso. Si può spiegare con diverse motivazioni un certo rifiuto di esso[20]. Un fatto è certo: un Codice nuovo si introduce nella vita; gli è difficile sottrarvisi, anche se vuole riconoscerla meglio e permettere di meglio affermarsi.

Vanno fatti due adattamenti per arrivare al pieno rispetto delle forme di vita consacrata: innanzitutto il rispetto della *vita consacrata individuale*, vergini, eremiti e vedove consacrate; in secondo luogo una soluzione equa per le *società di vita comune*, meglio chiamate, a partire dallo Schema del 1977, *Società di vita apostolica*. Il senso attribuito a questa terminologia è stato offuscato dai cambiamenti dovuti a pressioni indebite[21]. Si dovrà far luce al riguardo, ammettendo

---

[19] Vedi questo testo in *Le droit de la vie consacrée* (cf. nota 10), I, 174-196; vedi i canoni 89-91; 98-126; *Il diritto della vita consacrata* (cf. nota 10), 581-602.

[20] L'opposizione al progetto del codice latino del 1977 fu suscitata in gran parte dai canonisti che non appartenevano alla commissione. E anche da certi monaci, per i quali la vita monastica si apre troppo facilmente all'azione apostolica esterna.

[21] Soprattutto da parte di certe società missionarie, delle quali, nel libro di J. Bonfils, *Les Sociétés de vie apostolique*, Paris,

che molte, se non la maggior parte delle società, sono di vita consacrata. Sarebbe meglio non far più rientrare nel quadro della vita consacrata quelle società che rifiutano quest'aspetto della vita consacrata mediante i consigli evangelici, se esse non vivono e affermano di non voler affatto vivere una tale vita[22]. Il loro giusto posto si trova in questo caso tra le associazioni di fedeli, così come sono considerate dal Codice del 1983[23].

Le forme di vita consacrata individuale hanno diritto di avere il loro proprio posto nel diritto ecclesiale; questo diritto assicura la loro autonomia e la loro libertà. Ci sono due punti da rivedere: queste persone vivono una *vera vita consacrata* mediante i consigli evangelici; talvolta essi sono inclusi e vissuti nella verginità consacrata[24].

Quando agli eremiti, va loro riconosciuto uno stato di vita consacrata, anche se essi non si impegna-

---

1990, 210, si esprimono molto bene le reazioni; questa posizione viene più volte rettificata nei «Lineamenta». Vedi *Lin.*, n. 1 § 4; 18c; l'ultimo paragrafo dei *Lin.*, n. 23, è dottrinalmente inaccettabile.

[22] Questa separazione non deve venir resa troppo urgente. Una riflessione dottrinale più attenta ai valori dei loro impegni può condurre queste società a ripensare l'aspetto che prendono i consigli evangelici vissuti almeno implicitamente nella loro ricerca della carità perfetta e nel loro stile di vita nelle comunità apostoliche, soprattutto in terra di missione.

[23] Cfr. *C.I.C.*, 1983, cc. 301 § 1; 302; 312-320.

[24] La verginità consacrata presuppone come «propositum» un dono d'amore che include i tre consigli, i quali meriterebbero di essere ancora meglio espressi che nel rituale della «Consacrazione delle vergini»; essi sono d'altronde molto meglio espressi nel rituale della «Benedizione delle vedove».

no esplicitamente, per mezzo di voti o altri sacri legami, a vivere i tre consigli evangelici. Quest'impegno non dovrebbe essere fatto nelle mani dell'Ordinario del luogo. Lo Schema del 1977 era più aperto a questo riguardo. Esso permetteva una dipendenza, simile a quella di un «Terz'Ordine»[25]. Si potrebbe peraltro ampliare queste prospettive, facendo dipendere un eremita da un responsabile competente e approvato dall'autorità ecclesiastica[26].

Le vedove non sono state considerate dal nuovo Codice. Una fraternità di vedove consacrate è stata approvata ufficialmente a Parigi nel 1983. Il suo rituale di assunzione dei tre consigli sarà nel medesimo anno riconosciuto dalla Congregazione per il culto e i sacramenti[27].

Si è formato recentemente un gruppo di vedovi; esso vive una vita consacrata in pieno mondo, se i vedovi hanno ancora figli a carico, e in vita monastica, adattata al loro stato, se sono liberi da ogni carico educativo impegnativo. Anche questo gruppo ha ricevuto un'approvazione diocesana[28].

La vita consacrata vissuta in gruppo dovrà anch'essa venir meglio identificata. Ne riparleremo più

---

[25] Vedi il c. 92 § 2 del progetto del 1977, in *Le droit de la vie consacrée* (cf. nota 10), I, 191; *Il diritto della vita consacrata* (cf. nota 10), 597.

[26] Vedi il progetto del codice del 1977, *ibidem*, al c. 92 § 2.

[27] La *Fraternité de N.D. de la Résurrection* è stata fondata nel 1942; approvata nel 1964 si è sviluppata in Francia, Belgio, Spagna, Portogallo e Svizzera.

[28] Tale gruppo di vedovi consacrati, la *Fraternité des frères de la Résurrection*, è stato fondato nel 1972-73 nella diocesi di Cayenne della Guinea Francese. Esso è stato riconosciuto dal Vescovo di Tulle e ha fondato alcune case in Francia, a Flins e a Tarascon.

avanti. Vediamo prima come si presenta la situazione attuale delle società di vita comune, chiamate dal diritto latino «società di vita apostolica» (cc. 731-746). Il Codice del 1983, contrariamente allo Schema del 1977, le ha messe al di fuori del quadro canonico della vita consacrata, pur accettando, all'ultimo momento, che parecchie di queste società si impegnassero a vivere i tre consigli evangelici, impegno preso per mezzo di «sacri legami»; il termine fu tuttavia evitato nel testo, pur essendo stato chiaramente affermato in commissione[29]. Da ciò, ugualmente, la specificazione «senza voti religiosi» (c. 731), per evitare di collocare molte società, i cui membri pronuncianto dei voti, nella vita religiosa. La questione primaria resta quella del loro carisma, così come fu vissuto dai loro fondatori. Il Codice del 1983 non ha rispettato questo punto importante, né nella dottrina spirituale, né nel diritto.

Le «società di vita comune senza voti», come le chiamava il Codice del 1917[30], sono sempre in stato di ricerca, da quando san Vincenzo de' Paoli volle liberare le Figlie della carità dall'obbligo della clausura, imposta fino ad allora a tutte le forme di vita religiosa femminile, riconosciute dalla Chiesa[31]. Ma le Figlie

---

[29] *Communicationes*, 13 (1981) 385-389; vedi 389.

[30] C. 673 § 1. Il codice del 1917 ha trovato difficoltà nel dare una denominazione esatta e breve di queste società, visti gli elementi da sottolineare: imitazione della vita religiosa, vita in comune, senza voti pubblici abituali. Esse non sono una «religio»; i loro membri non sono religiosi. In breve, al titolo XVII, il codice riassume questa posizione dicendo: *Società di uomini o donne che vivono in comune senza voti*.

[31] La prima intenzione di S. Vincenzo de' Paoli fu infatti quella di una vita consacrata femminile liberata dalla clausura. Ma con questo egli non esclude una vita consacrata per mezzo dei consigli evangelici, promessa sotto forma di voti annuali, fatta la

della carità emettevano dei voti, conducevano vita in comune, — cosa visibile — ma erano liberate dalla clausura; esse potevano esercitare un'azione caritativa, apostolica, già da allora. Tutti gli istituti, soprattutto femminili, che si sono liberati dalle ristrettezze del diritto dei religiosi, hanno seguito il loro esempio. Queste società, da allora numerose, emettono dei voti, hanno una vita comunitaria propria e vogliono la mobilità apostolica.

Durante il lavoro di codificazione molte società, soprattutto missionarie, rifiutano di considerarsi istituti di vita consacrata. Esse hanno da allora mutato la loro terminologia, fino a definirsi «sacerdoti secolari»[32]. Paolo VI ricorderà tuttavia il loro obbligo di vivere i consigli evangelici, se quella è stata l'intenzione del loro fondatore[33].

A ben rifletterci, la loro vita «comune» comporta per queste società un'obbedienza di fatto, un'obbedienza promessa, una povertà, visto il genere di vita che adottano, soprattutto in terra di missione. Il definirsi sacerdoti «secolari» non esclude per ciò stesso l'appartenenza alla vita consacrata. Così come per gli istituti secolari sacerdotali.

Oggi la maggior parte di queste società si riconoscono come «società» o «istituti di vita consacrata»[34].

---

prima volta in pubblico e rinnovata in silenzio. Vedi lo studio di A. SAUVAGE, *Est-il canoniquement possible que des sociétés de vie apostolique (SVA) soient des instituts de vie consacrée?*, in CpR., 70 (1989) 39-48.

[32] Certe società parlano nelle loro costituzioni rinnovate di «sacerdoti secolari».

[33] Cfr. discorso di Paolo VI del 23 maggio 1964, in *Acta Apostolicae Sedis*, 56 (1964) 565-571. Vedi 567-568.

[34] Vedi lo studio di F. MASCARENHAS, *Societies of Apostolic Life: Their identity and their statistics with regard to the consecration*, in CpR., 71 (1990) 3-65.

Cosa che è apparsa anche nel Codice dei canoni delle Chiese Orientali, ove sono distinte le «società di vita comune» come «istituti di vita consacrata» dalle «società di vita apostolica»; queste ultime sono relegate nell'ultimo canone, un po' come porta di uscita, e vi si afferma anche che queste società «si avvicinano» agli istituti di vita consacrata[35].

Il termine «accedunt» è stato ripreso dal Codice latino[36]. La traduzione francese del Codice latino traduce in maniera inesatta il termine «accedunt»: *à coté de*. Non è l'unica distorsione che alcuni dei loro membri si permettono di fare alla verità stabilita.

Gli istituti di vita consacrata dovrebbero dunque fare uno sforzo di chiarimento, riguardo ai loro carismi. Non si può porli tutti sotto un denominatore comune; lo si è già fatto per troppo tempo. A meno che il diritto comune, come fa il Codice del 1983, non corregga questa tendenza, e sottolinei l'importanza del diritto proprio di ciascun istituto[37].

Inoltre, non senza ingiustizia, si da una precedenza a questi carismi vissuti in gruppo sui carismi individuali di vita consacrata: eremiti, vergini e vedove[38].

Se il rinnovamento della vita consacrata è stato denominato il *rinnovamento adattato della vita cosid-*

---

[35] *CCEO*, cc. 554-562; c. 572.

[36] Vedi a questo riguardo S. RECCHI, *Verbum «accedere» in canonibus 604 et 731 codicis. Quaesita et interpretatio*, in *Periodica* 78 (1989) 453-476. Trad italiana in *Vita Consacrata* 26 (1990) 950-965.

[37] *C.I.C.*, 1983, cc. 586 § 1; 587 §§ 1-2; vedi anche i cc. 598 § 1, 600, 601 e 602, ove si fa menzione del diritto proprio.

[38] Cosa che si fa ancora nel Codice del 1983 e nel *CCEO* del 1990.

detta religiosa nel titolo del decreto «Perfectae Caritatis», sembra che l'adattamento sia stato sovente una secolarizzazione più o meno stravagante, mentre il rinnovamento restava da fare; ciò era spesso impossibile per molti istituti che, assai attivi, non avevano studiato la propria storia, il proprio carisma, le loro tradizioni. Tra molti di loro questo lavoro resta da fare. Per altri, i fondatori stessi sono stati più animatori di un lavoro da compiere, che di una vita consacrata da animare. Questi ultimi istituti sono destinati a sparire, anche se fusi in un raggruppamento di istituti senza veri carismi[39].

Come dicevamo, la vita consacrata nella Chiesa latina ha rispettato dei tratti fondamentali, che corrispondono ad un'evoluzione che resta opera dello Spirito. Essa si è identificata come vita *monastica* e vita *conventuale*; la vita *apostolica* non ha trovato un denominatore comune. Si è parlato di «chierici regolari». Il termine è fortunatamente scomparso nel Codice e nei documenti più recenti. Bisogna tuttavia riconoscere loro un tratto comune, quello della mobilità apostolica, che non viene necessariamente diminuita da una vita comune adattata[40].

Nei documenti ufficiali, una riflessione più profonda avrebbe permesso una migliore ricerca di identità. Alcune denominazioni comuni sono utili: vita monastica, vita conventuale, vita di mobilità apostolica, vita secolare. Esse possono essere ammesse, se

---

[39] La fusione di certi istituti ha dato luogo ad una vera riflessione su una spiritualità propria, vissuta in un lavoro apostolico comune, in gruppo o individualmente.

[40] Riconoscimento che diede il progetto del 1977 ai cc. 116-117; vedi *Le droit de la vie consacrée* (cf. nota 10), 194-195; *Il diritto della vita consacrata* (cf. nota 10), 600-601.

non nuocciono all'identità di ciascun istituto, a quella del loro carisma proprio.

Resta da chiarire la questione dei *religiosi di vita apostolica*. Questi ultimi hanno avuto delle difficoltà a liberarsi da ogni ristrettezza di vita comunitaria. La loro reazione si è fatta sentire dopo il Concilio, con una secolarizzazione esagerata. Molte congregazioni hanno perduto la propria identità rinnovando le costituzioni. Ci si dovrebbe domandare se esse abbiano conosciuto un fenomeno passeggero. Alcune di loro, non avendo più la propria identità, non possono più testimoniare il proprio carisma.

Questa penosa situazione si afferma sempre più a causa dell'invecchiamento dei loro membri, al punto che è loro divenuto impossibile impegnare dei giovani in un ambiente di vita che curi l'apostolato diretto. Le loro case diventano delle case di persone anziane, case di cura...

La gran maggioranza delle congregazioni religiose femminili, che formano ancora il gruppo più numeroso tra le persone consacrate, ha dato, fin dalla fondazione, il predominio all'azione esterna, a detrimento della vita interiore. Troppo attive, essendo esse preoccupate dell'aiuto da portare alla vita cattolica, far fronte ai bisogni dell'insegnamento, della cura dei malati, degli infermi... Oggi esse non possono più assicurare l'aiuto desiderato. Quante di queste congregazioni resteranno vive, vista la mancanza nota e prolungata delle vocazioni e la chiusura continua delle loro case di lavoro? Alcune legislazioni civili, politiche e sindacali, sono state mortali per queste forme di vita consacrata. La stessa azione missionaria di queste congregazioni, che fu così notevole, risente sempre più di questa situazione.

Alcune congregazioni hanno tuttavia ampliato la loro vita di preghiera e di devozione, ispirandosi ai recenti «movimenti ecclesiali». Coscienti del loro carisma, esse s'aprono a degli aggregati, degli affiliati, formano dei gruppi di preghiera; riuniscono in gruppi sacerdotali i preti che li aiutano e lavorano nelle loro opere, nelle loro missioni. Ciò permette una nuova presa di coscienza del loro carisma e una nuova fioritura.

Molti istituti di vita consacrata sono in effetti sempre più attenti all'espansione che assume la vita consacrata nei nuovi movimenti. In questi movimenti si formano dei gruppi di vita consacrata, che si espandono rapidamente come ambiente spirituale e fraterno; essi assicurano un appoggio ecclesiale, che i Terz'Ordini non hanno conosciuto. Questi ultimi «imitavano la vita religiosa». Non è più così in questi movimenti, ove ogni vocazione è chiamata a riconoscere e salvaguardare la propria fisionomia, la propria vita spirituale, la propria missione particolare. Non si può, come abbiamo detto, ignorare la loro varietà ed estensione, l'importanza dei valori spirituali che formano il loro ideale e suscitano la loro vita generosa, la loro attività polivalente, ma unificata per mezzo di un unico spirito. È troppo presto per valutare al meglio la loro azione e il loro raggio d'azione.

A vedere il numero crescente di queste nuove fondazioni, ci si domanda tuttavia come esse si preparino a formare i responsabili necessari alla loro vita intensa. Una mancanza di formazione può rappresentare un punto debole; potrebbe essere la causa di una decadenza, che diminuirebbe infine lo slancio, che oggi assicura la loro unità e la loro dedizione.

È alla luce dei carismi della vita consacrata e della loro originalità che si devono prendere in considerazione i Codici di diritto canonico. Non ci si può limitare al Codice latino. Il Codice dei canoni delle Chiese Orientali dovrà essere studiato. Non si deve certo semplificare per unire e unificare per facilitare lo studio dei carismi e delle varie forme di vita consacrata.

A vedere il *CCEO*, esso si fissa sulla vita monastica come forma prima e principale della vita consacrata[41]; ne fa dipendere altre forme di vita consacrata[42], col rischio di non poter affatto stimare al loro giusto valore i carismi propri di esse. Il diritto latino può chiarire questa riflessione necessaria. Esso può permettere un progresso e rendere possibile una migliore presa di coscienza della vita consacrata in queste diverse Chiese d'Oriente, poco impegnate, finora, in una parallela ricerca dottrinale ed istituzionale[43].

A leggere i «lineamenta», si è colpiti dalla mancanza di sistematicità in materia. In molti punti sono menzionate le medesime forme di vita consacrata; in altri, al contrario, non sono affatto evidenziate[44]. I movimenti ecclesiali non sono studiati sufficientemente[45].

---

[41] Vedi il nostro studio *De vita consecrata in iure utriusque codicis orientalis et occidentalis*, in *Periodica* 8 (1992) 282-302.

[42] Vedi *CCEO*, c. 504 § 1, che va comparato con la definizione di una congregazione religiosa al § 2 dello stesso canone 504.

[43] Il *CCEO* del 1990 è un primo saggio di codificazione che susciterà necessariamente una riflessione generale ed una migliore definizione dei diversi istituti di vita consacrata nelle Chiese d'Oriente.

[44] *Lin.*, nn. 27-33.

[45] *Lin.*, n. 34, cfr. n. 28.

Quanto all'aspetto dottrinale di questo documento, bisogna ben notare che esso riprende la dottrina, così come si è sviluppata a partire dal Concilio, senza tuttavia liberarsi da una terminologia di fatto superata, poco aperta alla realtà vissuta[46].

In certi punti, la «vita religiosa» vi è talmente accentuata, che perdono l'attenzione che meriterebbero le altre forme di vita consacrata, più recenti, è vero, ma che formano per tutti una vera ricchezza spirituale: istituti secolari, movimenti ecclesiali, forme di vita consacrata individuale. Si nota una certa mancanza riguardo a queste ultime. Mancanza, che sembra ingiustificata[47].

Oltre a queste lacune, si pone una questione fondamentale: questo Sinodo, può rispondere ad un bisogno di rinnovamento della vita consacrata nella Chiesa? Pochi vescovi conoscono la vita consacrata, anche quella chiamata «religiosa». Essi l'hanno considerata come un aiuto al ministero pastorale. Non hanno conosciuto molto la vita di questi istituti. Ciò non vuol dire che essi dovrebbero dirigerla, né farle da supervisori. Si può conoscerla rispettandola; bisogna conoscerla per apprezzarla.

Gli istituti di vita consacrata hanno spesso considerato gli interventi dell'episcopato come un pericolo, soprattutto in periodo di fondazione. Quanti istituti di

---

[46] Bisogna rileggere attentamente questo testo, in cui i termini «religiosi», «vita religiosa», «Famiglie religiose», sono spesso adoperati per parlare di vita consacrata. In questo senso le citazioni del Concilio andrebbero fatte evitando questi termini.

[47] Non solo non vi si tratta della vedovanza consacrata, ma si tratta con una certa sfiducia delle altre forme di vita consacrata individuale. Vedi per es. *Lin.*, n. 18.

diritto diocesano non hanno subito l'obbligo di limitarsi ad una azione apostolica sul territorio della loro diocesi di fondazione? Quanti altri conoscono una mancanza di vocazioni, vista l'evoluzione della vita cristiana sul territorio, nel quale essi sono stati trattenuti[48]?

La vita religiosa ha conosciuto dei gravi problemi, dovuti all'autorità competente. Un testo delle costituzioni è stato imposto dall'autorità competenti alle nuove fondazioni in paesi di missione. Inoltre gli Ordinari responsabili, come fondatori di questi nuovi istituti autoctoni, sono spesso stati, anch'essi, più sostenitori d'azione diretta che di formazione spirituale e dottrinale[49]. Il carisma dell'istituto così eretto, è descritto nel testo, promulgato come «regola di vita»[50]? Non è che lo si è ridotto ad un manuale di pietà[51]?

La Costituzione apostolica «Pastor Bonus» ha il merito di aver unificato le competenze in questa ma-

---

[48] È triste che certi istituti di vita consacrata non abbiano avuto, se non solo molto tardi, l'occasione di diffondersi. Ciò ha reso la diffusione, che è vitale, difficile e poco progressiva. Solo in un secondo momento la diffusione si è estesa da un continente all'altro, senza prevedere o realizzare una fondazione in paesi europei della stessa lingua e cultura.

[49] Ciò che ha costituito la debolezza di certe fondazioni dopo la rivoluzione francese, la costituerà oggi per varie fondazioni in paesi di missione.

[50] Alcuni istituti così fondati non hanno avuto altro che un testo che riprendeva i canoni del 1917. Più grave fu però l'obbligo di prendere un testo unico, redatto e imposto dalla Congregazione della Propaganda fede. Questi testi si distinguevano solo per quanto concerne il nome dell'istituto, i suoi patroni e i titoli di devozione.

[51] Lo spirito di alcune di queste Congregazioni era descritto in un manuale che non aveva né l'importanza, né il valore di vere costituzioni.

teria. Non si può dire, tuttavia, che questa nuova norma sia sufficiente per rendere efficace l'aiuto pastorale necessario alla vita delle diverse forme di vita consacrata[52]. Si pensi d'altronde alla difficile situazione della vita consacrata nei movimenti ecclesiali[53].

Il Sinodo dei Vescovi del 1994

A restringere l'oggetto del Sinodo, si perderebbe di vista sia l'importanza del suo oggetto, sia la sua vitalità. Questo Sinodo non è, in se stesso, riformatore. Dovrà, esso, suscitare una ripresa della vita consacrata? Dovrà favorirne l'espansione? Si limiterà ad una presa di coscienza del suo valore attuale nella Chiesa?

Queste domande sono legittime. Esse non puntano direttamente all'essenziale. Una ricerca nel Sinodo può essere per la Chiesa una buona informazione, ma anche molto di più, una animazione della sua vita, per il fatto che la vita consacrata si situa nel cuore della Chiesa.

Noi siamo così riportati all'essenziale: come conoscere, vivere e sostenere la vita consacrata nella Chiesa, e, da ciò, la sua presenza nel mondo?

---

[52] Vedi l'art. 108 in *Acta Apostolicae Sedis* 89 (1988) 887. La vita consacrata in paesi di missione diviene di competenza esclusiva della Congregazione per gli Istituti di vita consacrata e le società di vita apostolica.

[53] Si può auspicare che le diverse forme di vita consacrata in questi movimenti dipendano da un dicastero specializzato e non più dal «Consiglio per i laici». Questo dicastero specializzato potrebbe essere formato da una «Commisione interdicasteriale» ispirandosi alle proposizioni fatte nella Costit. «Pastor Bonus», n. 21 § 2, in *Acta Apostolicae Sedis*, 89 (1988) 865.

Bisogna anzitutto *definire* bene *cos'è la vita consacrata:* vita consacrata mediante i consigli evangelici, vita da identificare sempre meglio mediante i carismi individuali e associativi. Come dicevamo sopra, non si può più mantenere la denominazione: «vita religiosa», che ha impedito a lungo di vedere la natura e la forza di nuove forme di vita consacrata.

Un altro punto consiste nel situare e valorizzare meglio *l'iniziativa divina*. Bisogna che noi sottolineiamo queste relazioni vitali: chiamata divina, consacrazione a Dio e agli uomini, missione ecclesiale[54]. E più profondamente: unione a Dio, imitazione di Cristo e dono dello Spirito[55].

C'è di più: la consacrazione di vita mediante i consigli evangelici si vive in *unione a Cristo*. I tre consigli esprimono gli atteggiamenti profondi del Cristo, Verbo incarnato. Essi traducono nella vita umana il vissuto della filiazione divina. Il Verbo è immagine del Padre; tutto è stato, in Lui, dono del Padre e tutto è riportato, per mezzo di Lui, al Padre, in quest'amore mutuo, che è il loro Spirito dell'Amore.

È perché la vita consacrata è unione al Cristo, che si deve situarla nei suoi rapporti trinitari.

Resta infine la *questione dell'impegno*. Questione importante[56]. Alla luce di ciò che è stato esposto, si

---

[54] Vedi *Lin.*, n. 6. Questo punto meriterebbe essere approfondito.

[55] Questo aspetto viene suggerito, ma non approfondito in *Lin.*, n. 6 § 1.

[56] Questione irrisolta specialmente riguardo al carattere pubblico degli impegni. Cfr. *C.I.C.*, cc. 573 § 2; 607 § 2; 654; 712; 723 § 1. Questo carattere pubblico non viene sempre sottolineato; inoltre al c. 207 si parla di impegni «agnita et sancita», formulazione più larga, che comprende i voti pubblici della professione reli-

può studiarla meglio, vedere anche di darle altre prospettive. Nel Codice del 1983 una tale riflessione non è potuta essere portata a buon fine. Basta comparare il diritto della vita consacrata e i canoni 1191-1198, riguardanti i voti[57].

Non sono la forma e la durata dell'impegno ad essere importanti, ma il *dono di sé*, che risponde al dono divino; questo dono di sé dovrà essere definitivo per essere filiale verso il Padre, inserito nello Spirito che è il loro eterno Amore.

La distinzione tra *voto solenne e voto semplice* è stata evitata nel nuovo diritto della vita consacrata. La loro esistenza e la loro portata va definita dal diritto proprio di ciascun istituto religioso[58]. La materia di questi voti può essere di per sé anche ben vissuta come impegno definitivo sotto forma di promessa che non si deve rinforzare con giuramento[59].

La forma degli impegni non può diminuire la *totalità del dono di sé*, che vuole essere vissuto in filiazione divina, in unione a Cristo, per chiamata divina. Questa risposta di Cristo è stata espressa nel suo sacrificio, nella sua morte e risurrezione. L'aspetto essenziale non è più quello della «morte al peccato», ma

---

giosa, e — nonostante la formulazione vaga del c. 731 § 2 — i voti o le promesse nelle società di vita apostolica.

[57] Questa parte del codice, redatta da un'altra commissione, non ha apportato alcuna innovazione (cc. 1191-1192). Non vi si considera la situazione attuale e i problemi che essa pone.

[58] La materia del voto solenne di povertà è considerata dal c. 668 §§ 4-5. Alcuni istituti di voti semplici hanno ottenuto l'approvazione di uno statuto di povertà equivalente a quello della professione solenne. In certe forme nuove di vita consacrata, a volte, è prevista ed esigita una povertà più radicale.

[59] È ciò che hanno fatto alcuni movimenti di fondazione recente.

quello della resurrezione come vita nuova, vita celeste come unione alla vita divina, vissuta come amore trinitario. Bisogna allora accettare che, dopo secoli, i voti solenni e quindi perpetui, non siano più permessi[60]. Le congregazioni religiose hanno dovuto accettare il voto semplice come impegno nella Chiesa. Il voto annuale, ma da ripetere, può e dovrà essere ammesso come impegno di vita consacrata. Il suo obbligo è di per sé perpetuo; dopo averlo ripetuto otto, o dieci volte, esso è definitivo[61]. Per sua natura tuttavia questo voto resta annuo; ma il dono che esso esprime deve essere totale[62].

Che gli impegni, per essere presi nella Chiesa, debbano essere riconosciuti come «*pubblici*», è discutibile. Il voto solenne si distingueva una volta dal voto semplice, ma il voto semplice era voto «privato». Questo voto semplice oggi è pubblico, senza essere, di per sé, né perpetuo, né solenne. Quest'ultimo termine significava, all'inizio, il carattere pubblico che di fatto gli era conferito dalle «solennità giuridiche» che lo condizionavano. Solennità, che oggi sono quelle di ogni impegno di vita consacrata riconosciuta dalla Chiesa.

---

[60] Se il voto detto «solenne» non è più ammesso, bisogna rilevare che esso è ripreso, almeno per quanto riguarda la materia di certi impegni presi in rapporto alla povertà, che si desidera sia pienamente evangelica.

[61] Il voto definitivo non è equivalente al voto perpetuo. Quest'ultimo impegna fino alla morte; il voto definitivo, anche se temporaneo quanto alla sua durata, significa la piena ammissione e partecipazione alla vita dell'istituto e a certe cariche di governo.

[62] Questo aspetto del dono totale è stato sempre esigito come condizione necessaria per l'emissione di voti temporanei, da rinnovare per vari anni o anche per tutta la vita.

Che questi impegni, per essere riconosciuti, debbano essere «pubblici», sembra dunque discutibile. Una vita consacrata può esprimersi assai bene in una decisione personale. Vista la sua importanza, essa sarà approvata da un consigliere o da un responsabile. Una cosa è certa: niente è «privato» nella Chiesa, perché tutto ciò che è essenziale, si pone nella vita della Chiesa[63]. Resta il «foro interno», come realtà della Chiesa; esso si vive nel rapporto con Dio, senza dover necessariamente riferirsi all'autorità, o alla comunità ecclesiale[64].

Un altro aspetto merita d'essere chiarito: *la dispensa da un impegno di vita consacrata*; essa può e deve essere fatta in tutta sapienza e discrezione. Su questo punto è stato fatto un enorme progresso. Un tempo i religiosi, professi solenni, non ottenevano mai la dispensa da un impegno preso troppo presto, troppo in fretta, per il fatto che esso era solenne, perpetuo. Ogni impegno perpetuo, oggi, per il fatto di una possibile dispensa, è un impegno «condizionato». Una tale dispensa presuppone di per sé un atto dell'autorità responsabile; essa non può essere lasciata alla decisione personale; cosa che è di fatto così, tuttavia, se i voti o gli impegni sono «temporanei», annuali o triennali. Alla fine di ciascun periodo, una persona

---

[63] Questo aspetto dovrà essere meglio studiato e messo in luce.

[64] Il voto privato, fatto nel foro della coscienza, può essere dispensato dall'autorità competente. *C.I.C*, cc. 1196-1197. Questa autorità non interviene né in ciò che riguarda la sua emissione, né in ciò che riguarda la definizione della sua materia. Senza chiedere consiglio prima di impegnarsi, una tale forma di impegno è imprudente e può essere moralmente carente.

consacrata può non rinnovarli; essa lo fa sotto la sua propria responsabilità ... Essa rinuncia al valore definitivo del dono di sé a Dio, che presuppone ogni impegno nella vita consacrata. Un tale impegno deve essere fondamentalmente una risposta alla chiamata divina.

In caso di dispensa dagli impegni, bisognerà sempre sottolineare che, se gli impegni presi sono soppressi, la chiamata divina resta ciò che è; ciò può essere oggetto di una ripresa e di un ritorno al dono che Dio ha suscitato e voleva definitivo. Questa ripresa ha avuto, nella storia della Chiesa, delle forme di generosità che non si possono ignorare. Essa, in ogni caso, nella sofferenza e nella pena, si può preparare come un dono totale a Dio, da ripetersi al momento dell'incrocio eterno.

Una vita impegnata nel dono totale a Dio presuppone la *sincerità della testimonianza* che essa comporta, anche sotto la forma più discreta, in pieno mondo, nella secolarità consacrata[65]. L'*abito proprio*, come segno distintivo, e la *vita comune* che esso esprime, restano l'espressione di un carisma particolare. La secolarizzazione recente ha causato degli sconvolgimenti al riguardo. È pericoloso vedere a volte questa secolarizzazione proposta o fondata sul fatto che un istituto religioso è detto «laico»[66]. Si approfitta visibilmen-

---

[65] Riguardo al soggetto del «voto condizionato, vedi il nostro studio *De votis in Societate Iesu condicionatis*, in *Periodica* 80 (1991) 187-218. In esso viene anche considerato il vantaggio che il voto condizionato può presentare per le forme secolari e soprattutto individuali di vita consacrata. Vedi 206-212.

[66] In certi paesi ci si è servito di questo argomento per favorire una vita religiosa, che a causa dell'aspetto della laicità rinuncia

te di un controsenso, per affermare che si vive *come laici, in pieno mondo, alla maniera del mondo*, senza un segno esterno particolare, sotto responsabilità personale, affermata nel proprio habitat e nel lavoro professionale[67].

Una testimonianza vera, afferma sempre la fedeltà al carisma di una vita consacrata. Anche nella secolarità consacrata, una testimonianza propria non può essere trascurata. Notiamo tuttavia che alla mancanza di vocazioni del clero diocesano, troppo spesso si fa appello ai religiosi per colmare questa mancanza di reclutamento, restando sorpresi di vedere il clero diocesano riprendere delle attività apostoliche per le quali i religiosi avevano un carisma proprio. Un ritorno all'*identità propria* non solo è augurabile, ma vitale. Imporre ad un religioso, per obbedienza, un ministero che sia contrario al carisma dell'istituto, è una ingiustizia verso di lui e l'istituto stesso; potrà essere motivo di rifiuto da parte di colui che è stato illegittimamente designato per un tale ministero[68].

---

alla separazione dal mondo; separazione che per carisma le sarebbe propria, anzi necessaria.

[67] Certi istituti religiosi, soprattutto femminili, hanno preso delle decisioni pratiche, che li rendono molto vicini ad un istituto secolare senza realizzare lo spirito proprio di questo genere di vita. Questi istituti non attirano nuove vocazioni. Se non c'è fedeltà al carisma non si può fare riferimento ad essi, né proporli come ideale di vita. E ciò può provocare il declino dell'istituto a motivo dell'infedeltà dei suoi membri.

[68] La Conferenza dei Superiori Maggiori degli Stati Uniti ha fatto un appello vigoroso per il rispetto e il ritorno ai carismi propri degli istituti religiosi. Vedi *Année Canonique* 34 (1991) 291-300. Cfr. J. BEYER, *De seminario diocesano recentiora quaedam quaesita* in *Periodica* 82 (1993) 55-93. Vedi 85-86.

Un *vero riconoscimento della vita consacrata* fu auspicato dal Concilio Vaticano II. Per far ciò, si prevedeva un adattamento, la soppressione degli elementi contrari al carisma di ciascun istituto; elementi, che non rispondevano affatto al suo valore. Si è più sottolineato, è vero, l'adattamento necessario, che il rinnovamento auspicato. Questo rinnovamento, se ben compreso, non poteva essere altro che un ritorno al carisma; l'adattamento, a vedere i testi, doveva essere una purificazione degli usi superati, ormai insignificanti ... Tutto considerato, esso comportava anche una liberazione da testi imposti, che sostituivano quelli dei fondatori[69]. Ci si rende conto di ciò oggi. Sono auspicabili dei raddrizzamenti. Essi sono preparati da conferenze dei superiori maggiori, desiderosi di un reale rinnovamento[70], da scissioni dell'istituto, in cui un gruppo di membri è e vuole restare fedele al carisma originario[71].

---

[69] Qualcun istituto, presentando delle costituzioni nuove, è stato obbligato a unire in uno stesso volume le costituzioni nuove e quelle redatte dal fondatore. Ciò provoca un contrasto penoso. Il rifiuto delle nuove costituzioni avrebbe forse potuto evitare questa situazione.

[70] Vedi nota 68. Ci vuole evidentemente un'azione più vigorosa da parte dell'autorità competente, la quale, a quanto pare, è stata troppo indulgente e non ha reagito contro le nuove costituzioni contrarie al carisma del fondatore.

[71] Scissione di questo tipo sono state recentemente approvate dalla S. Sede.

L'originalità dei carismi di vita consacrata

Le considerazioni precedenti ci fanno vedere ciò che si dovrebbe supporre, se ci si interroga, a proposito dell'originalità dei carismi e delle diverse forme di vita consacrata nella Chiesa[72].

Dobbiamo ricordare qui alcuni punti. L'originalità dei carismi significa una moltitudine di doni differenti, che trovano la loro fonte e la loro verità nell'imitazione di Cristo, varia, fedele e generosa[73]. Essa presuppone non una iniziativa ecclesiale, ma una chiamata divina[74]. Questa chiamata è una scelta di Dio, una consacrazione da parte di Dio Padre[75], che chiama a seguire suo Figlio, Verbo incarnato, per vivere una vita consacrata particolare nel loro Spirito. Gli aspetti cristici e trinitari di queste chiamate non possono venir dimenticati[76].

Bisogna che ci fermiamo un momento qui. L'unione a Cristo, che presuppone la sua imitazione, la

---

[72] Cfr. il nostro studio *La vie consacrée: perspectives d'avenir*, in Aa.Vv., *Unico Ecclesiae servitio. Etudes offertes à Germain Lesage O.M.I.*, Ottawa, 1991, 355. Vedi 241-266.

[73] Questa imitazione di Cristo è fortemente sottolineata in *L.G.*, nn. 43, 44 (soprattutto al § 3), 46-47; vedi anche *P.C.*, nn. 1, 12-14 ed *A.G.*, n. 18c.

[74] Questo aspetto *divino* della vocazione è chiaramente affermato dal Concilio. Vedi *L.G.*, nn. 43a, 44a, 47; *P.C.*, nn. 1b-c, 5a, 25. Vedi anche *C.I.C*, cc. 574 § 2; 646; 652 §§ 1 e 3; 719 § 1; 735 § 3.

[75] Il più delle volte viene indicato così, secondo il testo, Dio Padre.

[76] Il Concilio ha segnato in questo senso l'inizio d'una evoluzione dottrinale, che è continuata fino ai nostri giorni. Vedi sotto nota 80.

fedeltà a seguirlo, il modo di esprimere un aspetto della sua vita terrena, della sua presenza nel mondo e del suo ministero, si fissa sulla sua ultima testimonianza d'amore, il suo sacrificio sulla croce e il dono del suo Spirito[77].

I consigli evangelici sono stati e restano i tre aspetti fondamentali di quest'imitazione, di quest'unione profonda a Cristo. Sono stati compresi come la ripresa di certi atteggiamenti di cui testimonia la sua vita in mezzo a noi. Il Codice del 1983 li ha ripresi ai cc. 568-601. Così come vi vengono descritti, essi costituiscono un progresso dottrinale e pratico. Due approfondimenti devono prolungare questa linea di pensiero e di ricerca: *l'unità dei tre consigli e il loro significato nella vita divina.*

A riflettere sempre più su ciò, ogni consiglio esprime un atteggiamento del Cristo. Atteggiamento profondo, che egli non ha soltanto espresso col proprio esempio, la sua pratica esteriore, ma che ha esplicitato con la sua parola, la sua predicazione, il suo insegnamento.

Se i tre consigli esprimono in Gesù Cristo una vita reale, essi saranno l'espressione della sua vita come persona divina, l'espressione della sua filiazione: la sua povertà e la sua completa dipendenza in un amore unico, che egli vive come dono di Dio e che esprime come risposta d'amore. Il Verbo ha tutto ricevuto dal Padre e ha tutto riportato a Lui. Padre e Figlio sono uno[78].

Da qui la dipendenza del Figlio per rapporto al

---

[77] Il sacrificio della Croce vissuto nell'Eucaristia viene spesso sottolineato. Vedi *L.G.*, n. 45c; *P.C.*, nn. 6b e 25.
[78] Gv. 17,10; 12,44.

Padre, che si dona in Lui; questa dipendenza sarà vissuta sulla terra come obbedienza totale, obbedienza fino alla morte. Essa esprime così questo amore unico, totale e puro, che trova nel suo celibato terreno l'espressione della sua filiazione unica, della sua filiazione divina[79]. Queste relazioni sono delle relazioni d'amore. Esse si vivono nello Spirito Santo, che in Dio le esprime, e testimonia loro il suo Amore. Una tale visione dei tre consigli evangelici oltrepassa l'imitazione di Cristo e la sua umanità, il suo cammino terreno, i suoi atti, il suo esempio, la sua dottrina; essa tocca la sua vita profonda in Dio e ci fa vedere ciò che il Verbo incarnato ci rivela: l'amore del Padre nell'amore del Figlio e il loro mutuo dono, che è il loro Spirito.

Ma il Cristo stesso ci conduce ad una visione più profonda di questa filiazione. Il Verbo rivela il Padre; se egli è dono, il Padre sarà dono. Il dono del Padre è totale, unico, libero e dipendente. Egli è Padre e, per questo, ha un Figlio, immagine di ciò che Egli è: Amore. A questo titolo, il Padre conosce e vive la povertà del dono totale, la dipendenza dell'amore e l'unicità di questa relazione unica. Dire di una persona divina che essa è e vive povera, casta, obbediente, esprime il dono totale, che fa sì che l'amore divino sia trinità d'amore, amore che si dona, si riceve, si rimette e si ama in mutuo amore. Amore uno e trino.

I consigli evangelici sono l'espressione della filiazione del Verbo incarnato, che ci rivela questi stessi atteggiament in ciò che vive il Padre e ciò che fa il loro Spirito. Visti così, i consigli non sono soltanto l'espressione dell'amore filiale di Cristo; essi sono la leg-

---

[79] Col. 1,12-20; Fil. 2,6-11; Rm. 8,14-15.

ge d'amore che, nell'unità divina, fa la trinità delle persone. I consigli evangelici sono per i cristiani la norma della loro vita in Dio, della loro unione al Cristo, della loro dipendenza dal Padre e della loro vita nello Spirito[80].

L'originalità dei consigli evangelici si pone dunque nella profondità della vita divina come Trinità d'Amore, in un solo Dio, nella sua unità e nella sua carità. Dio è carità, Dio è uno e trino. Dio è Amore[81].

Un aspetto ben diverso dell'originalità dei carismi riprende dei tratti parziali della manifestazione dell'amore divino[82]. Vale a dire che vivere i consigli è sempre una missione personale nella vita ecclesiale. Ogni cristiano è chiamato a viverli, per esprimerli definitivamente in Dio e donarsi eternamente nella vita divina[83].

Quanto alla chiamata alla vita consacrata, essa diviene chiamata personale, alla quale si risponde per amore; questa chiamata è consacrazione per mezzo di

---

[80] Riguardo a questo soggetto vedi H. BÖHLER, *La dottrina dei consigli evangelici dal Vaticano II ad oggi*, Roma, 1992, 345. Questo studio verrà pubblicato nell'ottobre del 1993, in una edizione rielaborata e completata, presso l'editrice Paoline sotto il titolo: *I consigli evangelici in prospettiva trinitaria*.

[81] L'originalità essenziale dei consigli evangelici si situa anzitutto nell'amore trinitario, che è la vita stessa, profonda, di Dio, vita d'amore trinitario, nella quale viene assunto il cristiano resuscitato.

[82] I carismi, pur avendo una finalità generale, non possono esprimere tutti gli atteggiamenti terreni di Cristo, con i quali Egli esprime l'amore essenziale alla sua vita filiale in Dio.

[83] Il senso escatologico di ogni vita cristiana si esprimerà nel dono totale che il Cristo, Verbo di Dio e salvatore del mondo, vive nella Trinità d'amore.

Dio, per essere tutti suoi, in una consacrazione più profonda; da ciò, essa diviene una missione, come testimonianza dell'amore ricevuto, vissuto ed espresso. Ogni chiamata alla vita consacrata si radica nel dono battesimale e lo esplicita, unendoci a Cristo, per essere tutti del Padre nella forza del loro Amore, lo Spirito Santo[84].

Una vita consacrata testimonia un dono che ogni cristiano riceve, che vive a misura della grazia che gli è data e che si schiude nella visione beatifica, ove l'uomo avrà la felicità di vedersi nell'Amore che condivide, vive ed esprime in amore eterno, in un'unione trinitaria, in un amore unificato in quest'Amore che è Dio, uno e trino[85]. Questa vita consacrata è da quaggiù, sulla terra, una vita vissuta nella Trinità. Essa si situa nel cuore della Chiesa. Per la Chiesa essa è una chiamata e una promessa di vita eterna. Essa richiede fedeltà e testimonianza. Dona luce e sicurezza nella visione vissuta dell'amore divino[86].

L'originalità delle forme di vita consacrata non si può comprendere che nell'infinita ricchezza che può esprimere l'Amore divino che si dona, si rivela e si vive nella Chiesa, per essere in essa attesa e comprensione dell'Amore che diventerà e si rivelerà un giorno come vita eterna, luce infinità e trinità d'Amore.

Ogni forma di vita consacrata riproduce un gesto di Cristo, un mistero della sua vita, pur essendo chiamata a vivere in profondità ciò che è la sua filiazione

---

[84] Bisogna osservare qui che la vita consacrata non può essere pienamente compresa e vissuta che come vita battesimale.

[85] Il battesimo conduce al dono di vita nella filiazione divina.

[86] Il rapporto tra vita battesimale, vita consacrata e vita eterna va riaffermato e insegnato a tutti i cristiani.

divina e ciò che essa ci rivela da quaggiù della vita del Padre e dell'Amore, che è lo Spirito Santo.

Non si può, dunque, volendo definire l'originalità delle forme di vita consacrata, limitarla ad un dono particolare; bisogna vedere ogni dono di vita consacrata nell'ampiezza della vita cristiana e nella trinità dell'Amore che essa deve vivere come suo ambiente divino[87].

La ricchezza di un dono non può accecare, impedire la sua comprensione, né costituire un ostacolo alla sua accoglienza. Tutta la Chiesa è chiamata a ricevere i doni vari della vita consacrata, per riconoscersi meglio e comprendere ciò che essa vive e ciò che sarà un giorno, nell'Amore eterno di Dio, uno è trino, Dio che è Amore.

Le distinzioni che si fanno restano valide: vita *monastica*, eremitica o cenobitica, vita *conventuale*, vita *apostolica*, vita *secolare*. Esse non possono né legare, né diminuire l'ampiezza del dono divino[88]. Esse aiutano a restare fedeli ad una scelta divina: ogni forma di vita consacrata sottolinea una chiamata; questa chiamata non è reale che per i cristiani che vi rispondono personalmente[89], per coloro che hanno la medesima vocazione[90] in ciascun istituto che li riceve e in ciascuno dei suoi membri che la vive[91].

---

[87] Non è scorretto dire che tutta la «vita cristiana» è «vita trinitaria».

[88] La varietà di queste forme di vita consacrata resta completamente in rapporto al dono totale vissuto nella filiazione divina per Cristo, con lui e come lui.

[89] La vocazione divina è sempre una chiamata personale. Questo aspetto dovrebbe venire sottolineato sempre meglio, anche nella vita consacrata comunitaria.

[90] Uno stesso carisma riunisce i membri di un medesimo isti-

Tutte queste forme di vita consacrata si realizzano in istituti distinti; esse possono essere vissute in forme comunitarie, e in forme individuali; esse si vivono sempre in unione ecclesiale, in «ordini di persone» o come nuovi movimenti. Questi movimenti possono essere per la Chiesa intera l'occasione di un approfondimento: ogni carisma verrà unito all'insieme e l'insieme diverrà attento alla varietà dei doni che esso riceve, vive, comprende ed esprime.

L'originalità dei carismi apre delle prospettive sempre nuove sulle forme di vita consacrata; essa situa sempre più chiaramente l'ecclesialità di questa vita secondo i consigli evangelici[92]; essa fa vedere che la vita consacrata si vive nel cuore della Chiesa[93]. Senza la vita consacrata, la vita cristiana non raggiungerebbe la sua pienezza, così come non comprenderebbe la sua verità, il suo valore battesimale e la sua finalità celeste[94]. Carismi e forme di vita consacrata non hanno la propria ragione d'essere definitiva e stabile che

---

tuto. Questi, per vocazione divina personale, lo vivono secondo la misura della grazia che è stata loro comunicata.

[91] L'istituto si deve rendere garante della fedeltà al carisma di fondazione. Un rinnovamento che ne diminuisce la forza o ne cambia il contenuto è la più grave ingiustizia che si possa fare ai membri dell'istituto, chiamati a vivere fedelmente questo carisma di fondazione.

[92] Tutte le nuove forme di vita consacrata, approvate dalla Chiesa, hanno arricchito la presa di coscienza della vita ecclesiale.

[93] Bisognerebbe qui superare le affermazioni «polemiche» che si riscontrano nella *L.G.*, nn. 43b e 44d. Posizione ripresa dal *C.I.C.* del 1983 al c. 207 § 2, ma rifiutata dalla commissione che trattava della vita consacrata; vedi il c. 571 § 1.

[94] Così è definita più esattamente e in profondità l'«ecclesialità» della vita consacrata per mezzo dei consigli evangelici.

nella vita trinitaria, che ogni vita cristiana è chiamata a vivere, per essere pienamente cosciente di ciò che essa è: una partecipazione sempre più profonda alla vita divina[95].

JEAN BEYER, S.J.

---

[95] Una visione completa e profonda della vita della Chiesa dovrà iniziare sempre meglio i cristiani al loro inserimento personale nella vita trinitaria dell'amore divino.

ECCLESIALITÀ DELLA
VITA CONSACRATA

Introduzione

1. In data 30 dicembre 1991, il Santo Padre stabilì che il Sinodo dei Vescovi fosse convocato nella IX assemblea generale ordinaria nell'autunno del 1994, per trattare il tema «*De vita consecrata deque eius munere in Ecclesia et in mundo*». In preparazione ad esso la segreteria generale dello stesso sinodo ha pubblicato i *Lineamenta* con allegato un questionario[1]. Lo scopo dichiarato è duplice: «Prima di tutto il testo intende promuovere, presso i pastori della Chiesa e tutti gli interessati, una riflessione in profondità sul tema, in vista del dibattito sinodale. In secondo luogo si spera di ottenere informazioni e indicazioni utili alla preparazione dell'ordine del giorno dell'assemblea sinodale e così far emergere gli aspetti del tema che corrispondono alle vere urgenze pastorali della Chiesa nel prossimo futuro»[2]. In tale solco si inserisce anche lo scopo del presente studio che vuole sottolineare la *dimensione ecclesiale* della vita consacrata[3]. È una dimensione

---

[1] *La vita consacrata e la sua missione nella Chiesa e nel mondo*, Città del Vaticano 1992.

[2] È quanto scrive il segretario generale, Sua Eccellenza Jean P. Schotte, nella presentazione, p. 3.

[3] Il segretario generale del Sinodo, Ecc.za Mons. Jean P. Schotte, ricorda nella presentazione che i *Lineamenta* «indicano il tema in tutta la sua ampiezza. Infatti, benché il titolo «vita consacrata» si riferisca, in senso canonico, direttamente alla vita religio-

che è divenuta particolarmente acuta, soprattutto dal Concilio Vaticano II ad oggi. Possiamo dire anzi che più la riflessione della vita consacrata entra nella prospettiva teologica, superando la dimensione prevalentemente ascetica dei tempi passati più si rivela e approfondisce la dimensione ecclesiale[4]. Il Concilio Vaticano II è stato certamente una pietra miliare in questo. La riflessione postconciliare non ha fatto altro che approfondire il solco. E se il Vaticano II è stato il primo concilio che ha trattato della vita consacrata nella prospettiva della sua relazione alla costituzione stessa della Chiesa[5], il prossimo Sinodo è il primo che ha come tema la stessa vita consacrata. Il titolo poi fa esplicito riferimento alla sua collocazione all'interno della Chiesa: «*La vita consacrata e la sua missione nella Chiesa e nel mondo*»[6]. Il compito e il significato

---

sa e agli istituti secolari, esso viene inteso in senso più ampio, esteso, cioè, anche alle società di vita apostolica. Tale inclusione, eseguita per ovvie ragioni, va interpretata secondo l'indicazione del «Codice di Diritto Canonico». Di ciò dobbiamo prendere atto, per non cadere in facili equivoci. È ovvio che anche noi nel nostro studio ci adeguiamo a tale significato ampio ed estensivo. Ma non si può dimenticare che tale estensione del linguaggio può creare degli equivoci, da cui si dovrà stare bene attenti.

[4] Cf. G. GHIRLANDA, *Ecclesialità della vita consacrata*, in *La vita consacrata*, EDB, Bologna 1983, 13-52; V. DE PAOLIS, *Gli istituti di vita consacrata nella Chiesa*, in *La vita consacrata*, Bologna 1983, 53-141.

[5] Cf. La costituzione sulla Chiesa «*Lumen Gentium*», cap. VI, nn. 43-47. Il titolo di tale capitolo è «*I Religiosi*». Ma si sa che tale titolo non è preso in senso rigorosamente canonico e comprende tutte le categorie che il nuovo codice qualifica come istituti di vita consacrata, ed anche le società di vita apostolica.

[6] Va rilevato che la parola *missione* è una traduzione piuttosto impropria della parola latina *«munus»*, come avverte, almeno implicitamente, lo stesso documento, facendo seguire alla parola *missione* il termine latino *«munus»* tra parentesi (cf. *Lineamenta*,

della vita consacrata nella Chiesa e nel mondo derivano dalla sua stessa identità e non sono comprensibili se non nella collocazione della vita consacrata all'interno stesso del mistero della Chiesa.

2. I *Lineamenta* trattano in modo successivo della natura e della identità della vita consacrata (prima parte), della vita consacrata nella Chiesa e nel mondo di oggi (seconda parte) e della missione della vita consacrata nella Chiesa comunione e nella Chiesa missione (parte terza). Come si vede, è particolarmente nella terza parte che si parla della ecclesialità della vita consacrata, ma tale dimensione, in modo esplicito o implicito, è presente in tutto il documento e lo penetra tutto[7].

n. 3). Sarebbe stato forse più corretto usare la parola *compito* invece che *missione*: questo termine, se viene troppo esteso, corre il rischio di perdere la sua pregnanza di significato.

[7] Il significato di tale divisione può essere colto nella stessa introduzione del documento. Infatti, nel n. 3 dei *Lineamenta* leggiamo: «La duplice prospettiva del Sinodo, "nella Chiesa e nel mondo" indica la concretezza con cui deve essere affrontata la presenza e la missione degli istituti di vita consacrata e delle società di vita apostolica. Essi vivono in questa Chiesa e in questo mondo. Si rendono presenti nella Chiesa con la testimonianza salvifica di Cristo. Da questa Chiesa e da questa società vengono le loro vocazioni e ad essa sono inviate, dopo una adeguata iniziazione, per una presenza ed una missione apostolica. Non si deve neppure ignorare che molti dei problemi attuali della vita consacrata vengono dal contatto e confronto con il mondo di oggi. La crescente socializzazione e secolarizzazione ha avuto un effetto notevole sull'equilibrio dei valori spirituali e delle opere. La vita consacrata, benché non sia del mondo, non si può staccare dal mondo e dalla concreta esperienza del suo ambiente culturale, economico e sociale. Non si può ignorare l'influsso esercitato dai profondi cambiamenti avvenuti nelle società sulla evoluzione della vita consacrata negli ultimi decenni. D'altra parte essa si pone anche in un confronto di discernimento e di testimonianza dei valori perenni del Vangelo».

3. Noi ci avvicineremo anzitutto al testo dei *Lineamenta* per rilevare le principali sottolineature ecclesiali fatte dallo stesso in relazione alla vita consacrata, nelle tre parti, ma soprattutto nella terza. In un secondo momento tenteremo di presentare in modo unitario la dimensione ecclesiale della vita consacrata, nei suoi molteplici aspetti, riprendendo le fonti alle quali lo stesso documento attinge, particolarmente il Concilio Vaticano II e il Codice di diritto canonico[8]. Con questo infatti si chiude in qualche modo il periodo della produzione dei documenti voluti dal Concilio o frutto del Concilio[9]: in ogni caso Concilio e Codice

---

[8] Il magistero della Chiesa, dal Concilio ad oggi, è tornato più volte, in documenti di grande rilievo, sui diversi aspetti della vita consacrata. Essi costituiscono un *patrimonio dottrinale*, che i *Lineamenta* non omettono di ricordare (cf. n. 4). Non possiamo esimerci tuttavia dal fare un'osservazione, che crediamo di rilievo, al testo dei *Lineamenta*, che dopo aver ricordato i diversi documenti del Concilio, dei Sommi Pontefici e della Sede Apostolica, prosegue: «A questi testi bisogna aggiungere la sintesi dottrinale e normativa *del Codice di diritto canonico* (CIC) e del *Codice dei canoni delle Chiese orientali* (CCEO), punto di riferimento per la vita e la legislazione dei diversi istituti». I codici infatti non possono essere considerati semplicemente una «sintesi dottrinale e normativa». Almeno da un punto di vista *normativo*, essi si presentano come *fonte* normativa, che in genere toglie valore normativo alle fonti precedenti e pertanto non ne fa semplicemente una sintesi. Qualche precisazione sarebbe da fare anche dal punto di vista *dottrinale*. Noi, in base allo scopo che ci siamo prefissato, limitiamo la nostra attenzione particolarmente al Concilio Vaticano II e al Codice di diritto canonico.

[9] Ricordiamo che in un discorso il Papa Giovanni Paolo II ebbe a definire il codice «l'ultimo documento del Concilio»: «Codex est Concilii et, hoc sensu, est "ultimum documentum Conciliare" quod quidem eius constituet vigorem atque valorem, eius unitatem atque irradiationem» (IOANNES PAULUS II, *Allocutio ad Episcopos*, in *Periodica*, 72 (1983) 558; vedi anche *L'Osservatore Romano* 23 nov. 1983).

costituiscono le due fonti principali alle quali attingere, sia da una punto di vista dottrinale che disciplinare[10]. Dal momento, infine, che il nostro studio si pone a livello di contributo per «la preparazione e la celebrazione del Sinodo», quale «occasione provvidenziale affinché tutta la Chiesa possa prendere coscienza della realtà della natura e della missione della vita consacrata»[11], crediamo utile impostare il nostro studio riprendendo le fonti e riproducendole all'interno di una riflessione unitaria che percorra ordinatamente il cammino dal Concilio al Codice di diritto canonico[12], senza la pretesa di discutere e approfondi-

---

[10] Non va dimenticato tuttavia che gli stessi *Lineamenta* ci ricordano la numerosa e abbondante produzione di documenti sulla vita consacrata da parte della Sede Apostolica, dal Concilio ad oggi. Essa viene richiamata dal n. 4 del documento. Ad essa rinviamo. Va notato che oltre che il *Codice di diritto canonico* (CIC), il testo menziona anche il *Codice dei Canoni delle Chiese orientali* (CCEO). Noi ci limitiamo al CIC. «La dottrina del Magistero, recepita e assimilata nei codici fondamentali degli istituti di vita consacrata e delle società di vita apostolica, approvati dalla Sede Apostolica, costituisce il patrimonio e la sostanza del pensiero della Chiesa del nostro tempo sulla vita consacrata in generale e deve orientare la riflessione in vista del prossimo Sinodo» (*Lineamenta*, n. 4). Con gli stessi *Lineamenta*, n. 2, dobbiamo ricordare che non pochi documenti del magistero, benché non siano stati emanati appositamente per gli istituti di vita consacrata, fanno più che un semplice riferimento agli stessi. Anch'essi vanno pertanto tenuti presenti.

[11] *Lineamenta*, n. 1.

[12] È opportuno ricordare che le fonti vanno riprese e lette in modo ordinato. Nel cammino del tempo infatti esse possono essere state oggetto di ulteriore riflessione da quelle successive ed in parte anche modificate. Da un punto di vista normativo soprattutto non va dimenticato che il codice di diritto canonico ha rielaborato, ordinato e trattato in modo nuovo ed integrale tutta la legislazione sugli istituti di vita consacrata. Qualsiasi normativa precedente va pertanto confrontata con quella del codice, che evidentemente è l'ultima parola della Chiesa in materia.

re le singole questioni: lo studio intende soprattutto presentare lo spettro degli elementi che evidenziano la ecclesialità degli istituti di vita consacrata.

I
La ecclesialità della vita consacrata nei Lineamenta

1. Nella *prima parte* dedicata alla *natura e identità della vita consacrata*, i *Lineamenta*, nel descrivere gli *elementi fondamentali*[13] della vita consacrata, a partire del c. 573 del CIC, sottolineano diversi aspetti ecclesiali di cui è opportuno almeno fare cenno:

1) Trattando dell'*unità tra vocazione, consacrazione e missione*, il documento sottolinea la dimensione ecclesiale, richiamando *LG* 44: «Poiché i consigli evangelici, per mezzo della carità alla quale conducono, uniscono in modo speciale i loro seguaci alla Chiesa e al suo mistero, la loro vita spirituale deve essere pure consacrata al bene di tutta la Chiesa. Di qui sorge il dovere di lavorare, secondo le loro forze e il genere della propria vocazione, sia con la preghiera sia anche con l'opera attiva a radicare e consolidare negli animi il regno di Cristo e a dilatarlo in ogni parte della terra» (n. 6).

2) A proposito dei *consigli evangelici*, il documento, facendo la sintesi di alcuni testi della *Lumen*

---

[13] I *Lineamenta* distinguono gli *elementi fondamentali* (nn. 5-10) dai *valori essenziali* (nn. 11-13). Si tratta di un linguaggio che non brilla per chiarezza. In realtà non sembra che dal testo risulti effettivamente ciò che è fondamentale e ciò che è essenziale alla vita consacrata. Il termine generico di *valori* può rendere il discorso un po' evanescente.

Gentium, scrive: essi «rappresentano nella Chiesa la forma di vita che il Figlio di Dio scelse per sé, quando venne nel mondo a fare la volontà del Padre, la Vergine Madre abbracciò ed Egli stesso propose ai discepoli che lo seguivano» (n. 7)[14].

3) La *dimensione comunitaria* della vita consacrata richiama l'esempio della Chiesa primitiva e rinvia alla dimensione comunionale della stessa Chiesa: «Ad immagine della Chiesa comunione, la comunità non è chiusa in se stessa, ma si apre ad un molteplice rapporto con gli altri mediante la preghiera, il servizio apostolico, la collaborazione con tutti i membri della Chiesa, partecipi della stessa consacrazione battesimale, chiamati tutti alla santità e alla missione, pur nella complementarietà delle vocazioni. È compito della vita consacrata per la sua caratteristica comunitaria, offrire agli altri membri del popolo di Dio la testimonianza del valore supremo della carità dei discepoli di Cristo, vissuta nella perseveranza della comunione fraterna» (n. 9).

4) La vita consacrata, in quanto «segno splendente del regno dei cieli», «testimonia l'indole escatologica della Chiesa» (n. 10).

5) Tra i *valori essenziali* della vita consacrata, il testo richiama la rinuncia al mondo e la scelta radicale di Dio; la dimensione pasquale della consacrazione; la dedicazione totale al servizio del Signore nella Chiesa, l'unità di vita nella contemplazione e nell'azione (n. 11).

Nell'ambito della vita spirituale, sia personale che comunitaria, sono ricordati il primato della carità perfetta verso Dio e verso il prossimo, le fonti della

---

[14] Il testo citato è una sintesi tratta da *LG* 42, 44, 46.

spiritualità cristiana, la conversione continua, la devozione alla Madonna (n. 12).

7) In relazione al carisma degli istituti, il n. 13 annota che «alla radice delle varie esperienze carismatiche della vita consacrata vi è un dono di grazia che mette in luce delle particolarità del mistero di Cristo e della vita della Chiesa».

8) Accennando alla dimensione storica dei carismi di fondazione (n. 16), il testo ricorda l'assistenza della Chiesa sugli stessi istituti: «La Chiesa ha sempre vegliato sulla genuinità e vitalità della vita consacrata, come dimostra la chiamata del Concilio Vaticano II al rinnovamento, mediante il continuo ritorno alle fonti di ogni vita cristiana e all'ispirazione primigenia degli istituti, e all'adattamento alle mutate condizioni dei tempi».

9) Parlando degli istituti dediti interamente alla vita contemplativa, il documento rinvia in modo particolare al decreto *Ad Gentes,* 18, il quale afferma: «Poiché la vita contemplativa interessa la presenza ecclesiale nella sua forma più piena, è necessario che essa sia costituita dappertutto nelle giovani Chiese».

2. La *seconda parte* dal titolo *La vita consacrata nella Chiesa e nel mondo* intende fare il punto della situazione della vita consacrata oggi, alle soglie del duemila; sottolineare i frutti del rinnovamento promosso dal Concilio, evidenziando i nuovi valori della vita consacrata come pure gli aspetti negativi, e invitando a superare le ambiguità e le sfide della società moderna.

Il legame ecclesiale emerge dalla stessa impostazione, in quanto la realtà della vita consacrata è intimamente congiunta ai cambiamenti avvenuti nella Chiesa.

Facciamo menzione di qualche aspetto:

1) Tra i frutti del rinnovamento, il documento, n. 26, rileva: «una maggiore *ecclesialità della vita consacrata*, espressa come presenza apostolica più generosa, frutto del riscoperto senso ecclesiale dei fondatori e delle fondatrici, con lo sviluppo di nuovi rapporti di comunione e di collaborazione con i chierici e laici».

2) In relazione ai nuovi valori della vita consacrata, il documento, n. 27, rileva: «Con l'emergere della *teologia della chiesa locale, con la consapevolezza di appartenenza della vita consacrata al mistero della Chiesa universale, che si rende presente nella chiesa locale, sta maturando un nuovo rapporto di presenza e di comunione dei menbri, ottenendo una maggiore partecipazione e coscienza di appartenenza alla famiglia diocesana, un inserimento più attivo e specifico nella pastorale*».

3) Tuttavia, tra gli aspetti negativi, il documento, n. 28, c, ricorda i seguenti: «*In alcuni casi, purtroppo, sono stati rilevati anche momenti di tensione con la gerarchia e manifestazioni di dissenso teorico e pratico* nei confronti dell'autorità e del Magistero della Sede Apostolica e dei vescovi o verso la prassi della liturgia, tradendo l'indole ecclesiale della vita consacrata, la doverosa comunione con i pastori della Chiesa e la sottomissione ad essi».

4) Nell'invitare a proseguire nel cammino del rinnovamento, il documento, n. 31, ammonisce: «Il rinnovamento della vita consacrata si attua con una *intensificazione della comunione e del servizio ecclesiale*, secondo il proprio carisma e le nuove necessità della Chiesa e del mondo. La comunione con il Papa e con i Vescovi è garanzia di autenticità, in modo che tutti possano partecipare attivamente e responsabil-

mente alle molteplici iniziative della vita della Chiesa universale e delle chiese particolari».

5) Facendo menzione di alcuni problemi prioritari, il n. 32, b, del documento, a proposito dell'unità tra consacrazione e missione, fa rilevare che tale unità «dovrà permettere di vivere con equilibrio, senza tensioni e senza illusioni, tutti i valori della propria esistenza dedita all'apostolato». Tra questi colloca anche «appartenenza alla Chiesa universale e servizio nella Chiesa».

3. Nella *terza parte* la dimensione ecclesiale della vita consacrata è trattata tematicamente. Ed è precisamente in questo capitolo che troviamo le affermazioni più importanti sulla ecclesialità della vita consacrata. Dobbiamo fare rilevare però che il titolo «*Missione della vita consacrata*» potrebbe indurci in errore, in quanto la ecclesialità potrebbe venire intesa in modo parziale, solo o prevalentemente in relazione alla missione e alla attività apostolica, mentre la ecclesialità nasce dall'essere stesso e dalla natura più profonda della vita consacrata e della stessa Chiesa mistero. A tale errore potrebbe anche indurci il fatto che nella parte terza si parla prevalentemente del rapporto della vita consacrata con la gerarchia e del suo inserimento nella chiesa locale e nella Chiesa missione. Ma basta leggere bene il testo per rendersi conto che non è così.

1) Il punto di partenza infatti della terza parte è la Chiesa comunione. Fin dall'inizio, n. 34, il documento richiama l'affermazione di Giovanni Paolo II: «L'ecclesiologia di comunione è l'idea centrale e fondamentale nei documenti del Concilio» e trae subito la seguente conclusione: «La celebrazione del prossimo Sinodo deve mettere in luce la presenza e la mis-

sione della vita consacrata all'interno della comunione organica della Chiesa». Passando poi a parlare, nel n. 35, della dimensione ecclesiale della vita consacrata, il documento, citando *Mutuae Relationes*, ricorda che la vita consacrata nel mistero della Chiesa comunione «è un modo particolare di partecipare alla natura *sacramentale* del popolo di Dio». Soprattutto riporta il n. 44 della *Lumen Gentium*, che colloca la vita consacrata nel mistero della Chiesa, proprio in quanto professione dei consigli evangelici: «Ma poiché i consigli evangelici, per mezzo della carità alla quale conducono, uniscono in modo speciale i loro seguaci alla Chiesa e al suo mistero, la loro vita spirituale deve pure essere consacrata al bene di tutta la Chiesa. Di qui sorge il dovere di lavorare, secondo le loro forze e il genere della propria vocazione, sia con la preghiera, sia anche con l'opera attiva, a radicare e consolidare negli animi il regno di Cristo e dilatarlo in ogni parte della terra. E per questo anche la Chiesa difende e sostiene il carattere proprio dei vari istituti religiosi». E dopo aver richiamato anche il n. 2, c, del decreto *PC*, il testo prosegue: «La consapevolezza di essere in comunione e al servizio della Chiesa deve quindi permeare la vocazione, la formazione e la vita intera dei consacrati, nella varietà del loro servizio contemplativo o apostolico».

I *Lineamenta* richiamano poi il documento *Mutuae Relationes*, che ha avuto in modo particolare come oggetto «il carattere ecclesiale della vita consacrata e le sue implicazioni». Il documento rinvia all'istruzione *Potissimum Institutioni*, riportandone il seguente testo: «È necessario che i religiosi, le religiose e gli altri consacrati sviluppino e manifestino il genuino senso ecclesiale, non solo sentendo *con e dentro la Chiesa*, ma anche *sentendo la Chiesa*, identificandosi con essa in una piena comunione con la sua dottrina, la sua vita, i suoi pastori, i suoi fedeli, la sua missione nel mondo».

2) Solo dopo queste premesse, vengono affrontati i temi particolari, come quello della comunione ed obbedienza verso il Papa e i vescovi.

a. Il n. 36 tratta delle relazioni con il Papa; vengono citati il c. 590, a proposito del particolare rapporto degli istituti di vita consacrata con la Chiesa universale e con la suprema autorità di essa, e il c. 591, a proposito dell'istituto della esenzione. Vogliamo riportare un testo tratto dal documento della Congregazione per la Dottrina della fede su *alcuni aspetti della Chiesa in quanto comunione*: "L'importanza della dimensione universale della vita consacrata nella ecclesiologia di comunione e del suo fondamento *nella sua relazione con il ministero petrino* è stata sottolineata recentemente dalla Santa Sede: «Nel contesto della Chiesa intesa come comunione, vanno considerati pure i molteplici istituti e società, espressione di carismi di vita consacrata e di vita apostolica, con i quali lo Spirito Santo arricchisce il Corpo Mistico di Cristo: pur non appartenendo alla struttura gerarchica della Chiesa, appartengono alla sua vita e alla sua santità. Per il loro carattere sovradiocesano, radicato nel ministero petrino, tutte queste realtà ecclesiali sono anche elementi al servizio della comunione tra le diverse chiese particolari"».

b. In relazione ai Vescovi, il n. 37 si rifà al n. 45 della *Lumen Gentium* e al codice, citando il c. 586 sulla legittima e giusta autonomia degli istituti di vita consacrata, della quale gli stessi Vescovi sono garanti e tutori, il c. 753 sul religioso ossequio da dare ai Vescovi in quanto Pastori e Maestri autentici della fede, il c. 678, che è il canone fondamentale che regola i rapporti tra Vescovi diocesani e religiosi nelle chiese particolari.

3) I nn. 39-40 sono dedicati al tema della vita consacrata nella chiesa locale[15].

a. La presenza degli istituti di vita consacrata deve armonizzare le esigenze di appartenenza alla Chiesa universale e di impegno ed inserimento nella chiesa locale. La soluzione viene illustrata con alcuni testi del magistero, riportati sotto il n. 39. Il primo è tratto da *Mutuae Relationes:* «La chiesa particolare costituisce lo spazio storico, nel quale una vocazione si esprime nella realtà ed effettua il suo impegno apostolico; lì, infatti, dentro i confini di una determinata cultura, si annunzia e viene accolto il vangelo». Il secondo proviene da un discorso di Giovanni Paolo II ai Superiori Generali, in occasione della presentazione dello stesso documento *Mutuae Relationes*: «Voi siete con la vostra vocazione per la Chiesa universale, attraverso la vostra missione in una determinata chiesa locale. Quindi la vostra vocazione per la Chiesa universale si realizza entro le strutture della chiesa locale... L'unità con la Chiesa universale, attraverso la chiesa locale: ecco la vostra vita».

Il Decreto *Christus Dominus* da parte sua aveva già detto che «i religiosi sacerdoti appartengono ad un vero titolo al presbiterio della diocesi, come provvidi collaboratori dell'ordine episcopale» e che «gli altri membri degli istituti di vita consacrata, tanto gli uomini come le donne, appartengono alla famiglia diocesana e danno un notevole contributo alla gerarchia».

---

[15] Forse sarebbe stato preferibile che i *Lineamenta*, adeguandosi al linguaggio del codice avessero usato l'espressione *chiesa particolare* invece che *chiesa locale*, come abitualmente fa.

b. Il n. 40 dà ulteriori indicazioni, richiamando altri testi dei documenti. Viene in particolare stimolata la conoscenza reciproca e il rafforzamento dei vincoli di fraternità e collaborazione, atta a far crescere la mutua fiducia, la solidarietà apostolica, e la fraterna concordia. Un particolare problema sorge dalla presenza dei religiosi nelle strutture parrocchiali. Il documento osserva: «A motivo delle necessità pastorali che hanno portato molti istituti ad accettare nelle diocesi il ministero parrocchiale è oggi particolarmente urgente che sia salvaguardato il necessario equilibrio con la loro vita, il loro peculiare carisma, la spiritualità e la loro disciplina, e ciò anche a vantaggio dell'intera diocesi. Ma non basta. Sarebbe un grave impoverimento della vita consacrata e della stessa chiesa particolare ridurre la loro presenza al ministero parrocchiale, senza stimolare ed accogliere la ricchezza della propria spiritualità e del proprio servizio carismatico».

4) La dimensione ecclesiale comporta anche una particolare comunione dei religiosi con i laici. Il n. 41 ricorda: «La vita consacrata, bisogna ricordarlo, ha sempre avuto, particolarmente in alcune sue forme, un tipico carattere di contatto vivo con il popolo, specialmente per mezzo del ministero pastorale, e si è orientata al servizio della gente». Ma oggi si può sottolineare una certa novità in questo rapporto: «La novità del rapporto con i laici viene piuttosto da una rinnovata esperienza di comunione sulla base della comune dignità battesimale, della vocazione universale alla sanità, della riscoperta della chiamata di tutti alla nuova evangelizzazione e di una più intensa collaborazione pastorale».

II
La vita consacrata nella Chiesa

Passando ad esaminare in modo ordinato e unitario le principali fonti utilizzate dai *Lineamenta*, crediamo opportuno anzitutto richiamare la storia della redazione del Capitolo VI della costituzione *Lumen Gentium*, prima di passare a considerare più da vicino la vita consacrata nel mistero della Chiesa.

1. Il Capitolo VI «I Religiosi» nella costituzione dogmatica sulla Chiesa «Lumen Gentium»[16]

Dalle risposte inviate dagli organismi di consultazione nella fase antepreparatoria del Concilio, le questioni attinenti agli istituti religiosi furono principalmente le seguenti: autonomia ed esenzione, l'apostolato, l'aggiornamento, la formazione, il valore soprannaturale della vita religiosa.

Quando si passò a preparare il testo sulla costituzione dogmatica sulla Chiesa da parte della commissione teologica, fu incaricata una speciale commissione per redigere anche un capitolo riguardante gli istituti religiosi, da inserire nella costituzione che si stava preparando. Ma in seguito tale capitolo trovò una forte opposizione da parte di un gruppo di Padri Conciliari: al posto di tale capitolo si pensò di inserirne invece uno sulla universale vocazione alla santità. Le

---

[16] Cf. M. Schoenmackers, *Genèse du chapitre «De Religiosis» de la constitution dogmatique sur l'Eglise «Lumen Gentium»*, Romae 1983; P. Molinari, P. Gumpel, *Il capitolo VI «De Religiosis» della costituzione dogmatica sulla Chiesa*, Milano 1985.

obiezioni contro un capitolo apposito sulla vita religiosa muovevano da tre ordini di ragioni.

L'obiezione più rilevante era la prima, che, partendo dalla affermazione di ordine dommatico, secondo la quale l'unica costituzione di diritto divino è quella gerarchica, fondata sull'ordine sacro e per la quale nella Chiesa si distinguono i chierici e i laici, concludeva che la vita religiosa[17] non apparteneva alla struttura o costituzione della Chiesa, ma era piuttosto una struttura nella Chiesa, derivata dalla storia e dalla legge positiva. Non aveva pertanto senso trattare con un capitolo apposito della vita religiosa in una costituzione che voleva presentare appunto la struttura o costituzione della Chiesa[18].

Nonostante difficoltà e tensioni, che in certi momenti raggiunsero un alto grado di intensità, il Concilio infine decise di introdurre un capitolo, dedicato ai *Religiosi*, pur conservando quello sulla universale vocazione alla santità, appena prima di quello sui religiosi.

Un'altra questione che diede luogo a un grande dibattito fu quella del titolo da dare al capitolo VI.

---

[17] Ricordiamo che per il concilio la vita religiosa aveva un significato piuttosto ampio, e oltre a comprendere i religiosi in senso canonico, includeva anche gli istituti secolari e le società di vita apostolica.

[18] Le altre due difficoltà erano di ordine pastorale, ma non furono meno vivaci. L'introduzione di un capitolo sui religiosi avrebbe potuto aggravare la confusione già serpeggiante presso il popolo di Dio sulla chiamata alla perfezione della santità, considerata appannaggio precisamente dei religiosi. Infine, l'ultima obiezione era di ordine ecumenico: il rilievo dato ai religiosi poteva ostacolare il cammino ecumenico, in quanto i fratelli protestanti non trovano sufficientemente fondato nella Scrittura lo stato di vita radicato nei consigli evangelici.

Varie furono le proposte, che vennero tutte rifiutate. Venne eliminata la proposta del titolo «*Lo stato di coloro che professano i consigli evangelici*», come pure quello di «*Istituti di perfezione*» e quello di «*istituti di vita consacrata*». Anche quello tradizionale «*I Religiosi*» presentava non poche difficoltà. Il termine «religiosi» ormai aveva un significato tecnico canonico, preciso, e comprendeva soltanto una categoria delle persone che professavano i consigli evangelici: cioè religiosi erano coloro che assumevano con voto pubblico in modo stabile in un istituto approvato dalla Chiesa i consigli evangelici di castità, povertà e obbedienza, e si impegnavano alla vita fraterna in comune[19]. Da tale concetto rimanevano esclusi le società di vita comune che imitavano i religiosi e gli istituti secolari. La difficoltà fu superata recuperando un concetto più teologico che canonico di religioso: «Con i voti o altri impegni sacri simili ai voti secondo il modo loro proprio, il fedele si obbliga all'osservanza dei tre predetti consigli evangelici; egli si dona totalmente a Dio amato al di sopra di tutto[20], così da essere con nuovo e speciale titolo destinato al servizio e all'onore di Dio», dice il n. 44 della costituzione Lumen Gentium. Si parla sì di assunzione dei tre consigli evangelici, ma non necessariamente ciò deve avvenire con voti. Nessun cenno poi alla vita fraterna in comune. In tal modo il titolo «*I Religiosi*» nella Lumen Gentium supera il significato ristretto del Codice di Dirit-

---

[19] Cf. 487 CIC '17.
[20] Più sotto il testo dice che il fedele «divino obsequio intimius consecratur», dove, come risulta dagli Atti conciliari, è sottinteso «a Deo», per cui è sottolineata l'iniziativa divina nella vocazione e nella consacrazione (cf. *Acta Synodalia* III/VIII, 131).

to canonico, sia del 1917, come pure anche del nuovo Codice del 1983.

Va rilevato che è la prima volta che un Concilio Ecumenico tratta dello stato di vita consacrata in una costituzione della Chiesa, non da un punto di vista semplicemente disciplinare, ma dottrinale, sia in riferimento alla sequela di Cristo sia in rapporto alla costituzione della Chiesa. In tal modo il Concilio ha inteso rispondere anzitutto alla richiesta avanzata nella fase antepreparatoria, di studiare cioè la vita religiosa da un punto di vista teologico e di evidenziare la sua dimensione soprannaturale. C'è da aggiungere che il Concilio ha così rigettato l'obiezione avanzata da alcuni Padri conciliari che si opponevano all'introduzione di un capitolo nella costituzione della Chiesa adducendo la ragione teologica che la vita religiosa non fa parte della struttura della Chiesa. Il Concilio ha affermato semplicemente l'opposto: la vita religiosa fa parte della costituzione della Chiesa, al punto che la Chiesa non è concepibile senza fedeli che professano i consigli evangelici[21], in quanto è la forma di vita che fu di Gesù e che egli volle per sua madre ed indicò ai suoi discepoli. Una tale forma di vita non può non appartenere pertanto alla costituzione della Chiesa stessa.

Va infine anche detto che il Concilio, trattando della vita religiosa nella prospettiva dottrinale e teologica nel mistero della Chiesa ha superato una visione della professione religiosa, prevalentemente ascetica,

---

[21] Risulta che il Concilio ha rifiutato anche le altre due obbiezioni, parlando esplicitamente dell'universale vocazione di tutti i fedeli alla santità (*LG* 39) e non accogliendo quella di ordine ecumenico.

a servizio della perfezione personale o dell'azione apostolica nella Chiesa. La consacrazione è una chiamata da parte di Dio, una vocazione speciale ad entrare in un particolare rapporto di amicizia con Dio (cf. *LG* 44).

D'altra parte il Concilio ha recuperato ad un livello più profondo sia la dimensione ascetica che quella apostolica della vita religiosa (cf. *LG* 44, 46).

2. LA VITA CONSACRATA APPARTIENE ALLA VITA E ALLA SANTITÀ DELLA CHIESA

Lo stato religioso, «se si riguardi la divina e gerarchica costituzione della Chiesa, non è intermedio tra la condizione clericale e laicale, ma da entrambe le parti alcuni fedeli sono chiamati da Dio a fruire di questo speciale dono nella vita della Chiesa e ad aiutare, ciascuno a suo modo, la sua missione salvifica» (*LG* 43). Il testo mentre da una parte afferma che esso non appartiene alla struttura gerarchica divina della Chiesa e non costituisce, in questa prospettiva, una terza categoria di persone, afferma d'altra parte che ad esso soltanto «alcuni fedeli sono chiamati da Dio a fruire di questo speciale dono nella vita della Chiesa», siano essi chierici o laici.

Il n. 44 della stessa costituzione precisa ulteriormente: «Lo stato di vita dunque costituito dalla professione dei consigli evangelici, pur non concernendo la struttura gerarchica della Chiesa, appartiene tuttavia inseparabilmente alla sua vita e alla sua santità»[22]. Lo stato della professione dei consigli evangelici non

---

[22] «Ad eius tamen vitam et sanctitatem *inconcusse* pertinet».

si colloca nella linea della gerarchia, ma su un altro piano: quello della vita e della santità della Chiesa. A questo livello esso non può non esistere nella Chiesa, perché è inseparabile dalla sua vita e dalla sua santità. Se la Chiesa non può esistere, non è concepibile senza fedeli che professano i consigli evangelici, si deve concludere che esso appartiene alla sua stessa costituzione[23]. Di fatto la struttura o costituzione della Chiesa non può limitarsi a quella gerarchica: le note proprie della Chiesa sono anche la santità e la cattolicità, oltre all'unità e all'apostolicità. Anzi la struttura gerarchica, pur fondata sull'ordine sacro, e quindi sull'effusione dello Spirito, che costituisce i ministri sacri e li deputa ad agire *in persona Christi Capitis* (cf. c. 1008), si colloca principalmente sul piano della organizzazione e degli uffici nella Chiesa, mentre lo stato della professione dei consigli evangelici si pone e si comprende di più nell'ordine della vita intima della Chiesa, del suo mistero più profondo che consiste nella comunione con Dio nell'imitazione di Cristo, sotto l'azione dello Spirito Santo[24], ed insieme nella risposta di santità che la Chiesa è chiamata a dare al suo Signore, nella perfezione della legge dell'amore (cf. *LG* 44, 46; *PC* 1; c. 573, § 1)[25].

---

[23] Cf. V. FAGIOLO, *Appartenenza iure divino della vita consacrata alla costituzione della Chiesa*, in *Vita Consacrata* 21 (1985) 424-430.

[24] Cf. J. DANIÉLOU, *I religiosi nella struttura della Chiesa*, in *La Chiesa del VaticanoII* (a cura di G. BARAUNA), Firenze 1965, 1093-1100.

[25] In questa prospettiva va interpretato anche il c. 207 del codice di diritto canonico. Anche se tale canone riproduce quasi alla lettera il canone del precedente codice, la sua interpretazione va però fatta alla luce della ecclesiologia del Vaticano II, specificamente per quanto attiene alla vita della professione dei consigli

3. LA VITA CONSACRATA È LA FORMA DI VITA DI GESÙ

La forma di vita contrassegnata dalla professione dei consigli evangelici ha senso in relazione a Cristo. Difatti «i consigli evangelici della castità consacrata a Dio, della povertà e dell'obbedienza, essendo fondati sulle parole e sugli esempi del Signore e raccomandati dagli apostoli, dai Padri e dai dottori e pastori della Chiesa, sono un dono divino che la Chiesa ha ricevuto dal suo Signore e con la sua grazia sempre conserva» (*LG* 43). Imitando essa la stessa forma di vita che Cristo scelse per sé, che sua Madre abbracciò e che egli propose ai suoi discepoli, ne segue che «norma fondamentale della vita religiosa» è «il seguire Cristo come viene insegnato dal Vangelo». Tale «norma deve essere considerata da tutti gli uomini come la loro regola suprema» (*PC* 2).

In realtà tale forma di vita, che Gesù scelse per sé, si inserisce nel mistero stesso della persona di Gesù, Figlio eterno di Dio «sempre rivolto verso il Padre» (*Gv* 1,1), venuto nel tempo nella nostra natura umana per rivelarci il mistero di Dio amore. La sua vita nel tempo, nella nostra umanità, non cessa di essere la vita del Verbo eterno di Dio sempre rivolto verso il Padre, con l'unico intento di compiere in tutto e sempre la volontà del Padre: il suo atteggiamento è sempre quello del Figlio, generato eternamente dal Padre e da Lui amato: la sua vita appartiene solamente al Padre, nell'unica relazione a Lui possibile come figlio Unigenito consostanziale al Padre, cioè quella

---

evangelici, come autorevolmente è affermato dalla costituzione *Sacrae Disciplinae Leges*, con la quale è stato promulgato il nuovo codice di diritto canonico.

di Figlio (Gesù vergine e casto), con unico progetto di vita da realizzare, quello segnato dal Padre (Gesù obbediente), e affidato soltanto alla potenza dello Spirito e quindi nella povertà e nella debolezza della sua umanità (Gesù povero)[26].

Questo stile di vita di Gesù ha avuto nella Chiesa, al di là delle diverse forme che poi ricevette da un punto di vista organizzativo all'interno della disciplina ecclesiastica, fin dall'inizio una folla immensa di seguaci che mai è venuta meno (cf. *LG* 46; *PC* 1; c. 576).

Se la professione dei consigli evangelici, in quanto forma di vita che imita la vita di Gesù, tocca il mistero della persona del Signore, essa rivela anche il mistero della vita cristiana, che non è altro che la vita di Cristo in noi, speranza della gloria (cf. *LG* 44)[27].

4. LA VITA CONSACRATA NEL MISTERO DELLA CHIESA

La vita consacrata, in quanto appartiene alla vita e alla santità della Chiesa, si inserisce nel suo mistero. Essa, come non è comprensibile se non nel mistero di Cristo, così non può essere intesa se non nel mistero della Chiesa, che del mistero di Cristo è il prolungamento nel tempo. La costituzione *Lumen Gentium* evidenzia in modo particolare, ai nn. 44-45, altri diversi aspetti che sottolineano la dimensione ecclesiale della vita consacrata, particolarmente in rapporto alla

---

[26] Cf. R. SCHULTE, *La vita religiosa come segno*, in *La Chiesa del Vaticano II* (a cura di G. BARAÚNA), Firenze 1965, 1063-1092.

[27] Il codice di diritto canonico ha raccolto gli elementi dottrinali del Concilio particolarmente nei cc. 573, § 1 e 607, § 1.

gerarchia. Non potendo soffermarci su tutti[28], ci limitiamo soltanto ad alcuni, di maggiore rilievo o attualità.

1) *La vita consacrata e il mistero della Chiesa*

La vita consacrata, in quanto riproduce continuamente nella Chiesa la sequela di Cristo, ossia lo stato di vita di Gesù povero, casto, obbediente, congiunge al mistero della Chiesa. Il testo di *Lumen Gentium* 44 afferma anzitutto che i consigli evangelici «congiungono in modo speciale coloro che li praticano alla Chiesa e al suo mistero». L'inciso «per mezzo della carità alla quale conducono» sembra che voglia anche avviare la riflessione sulla motivazione. La Chiesa è comunione d'amore trinitario; è nata dall'amore di Cristo, che ha fatto dono della propria vita per essa; ha per legge il precetto dell'amore che il suo divin Fondatore ha lasciato ai suoi discepoli come segno distintivo di quanti lo seguono. I consigli evangelici in quanto conducono in modo speciale alla perfezione della carità mettono in luce il mistero della Chiesa[29].

a. Il mistero della santità della Chiesa e la pratica dei consigli evangelici

Una delle proprietà essenziali della Chiesa è la santità. La vita consacrata, pur non appartenendo alla

---

[28] Per quanto riguarda in particolare il compito della gerarchia di regolare la pratica dei consigli evangelici e di accogliere e approvare le proposte dei Fondatori e vigilare sugli istituti (cf. *LG* 45), ci permettiamo di rinviare a V. DE PAOLIS, *La vita consacrata nella Chiesa*, Bologna 1992, 58-88.

[29] Cf. F. CIARDI, *Koinonia*. Itinerario teologico-spirituale della comunità religiosa, Roma 1992; particolarmente la parte terza, 204-208.

struttura gerarchica della Chiesa, appartiene inseparabilmente alla sua vita e alla sua santità. La santità che Dio ha comunicato alla sua Chiesa consiste in una profonda trasformazione del cuore dei fedeli, per la quale essi sono santi ed hanno la possibilità di realizzare una vita santa, rispondendo all'amore di Dio con l'amore. La Chiesa, santa della santità di Dio, produce allora frutti di santità: la santità dei fedeli è segno della santità della Chiesa (cf. *LG* 39). Ma tale santità «in un modo tutto suo proprio si manifesta nella pratica dei consigli che si sogliono chiamare evangelici. Questa pratica dei consigli, abbracciata da molti cristiani per impulso dello Spirito Santo, sia a titolo privato, sia in una condizione o stato sanciti nella Chiesa, porta e deve portare nel mondo una luminosa testimonianza e un esempio di questa santità». (*LG* 44).

La santità è la perfezione della carità. La perfezione dell'amore consiste nel dono della propria vita: la santità della Chiesa si manifesta in modo particolare proprio nel martirio, la risposta con l'amore più grande all'amore più grande con cui Dio ha amato gli uomini: perciò il martirio e le persecuzioni mai mancheranno alla Chiesa, come bene illustra la stessa costituzione *Lumen Gentium* (cf. *LG* 42).

Ma accanto al martirio, la santità della Chiesa risplende in modo particolarmente luminoso in coloro che praticano i consigli evangelici. Passando a parlare della pratica dei consigli evangelici, la costituzione, immediatamente dopo il testo citato sul martirio, fa seguire quello sulla pratica dei consigli evangelici collegandolo ad esso: «Parimenti la santità della Chiesa è favorita in modo speciale dai molteplici consigli che il Signore nel Vangelo propone all'osservanza dei suoi discepoli». Di fatto i tre beni «certamente molto apprezzabili» (*LG* 46) esprimono la totalità del dono della persona; sono l'offerta che la persona fa di se stessa a Dio, mettendo a sua disposizione tutti i beni che costituiscono la ricchezza della persona: la pratica dei consigli evangelici si pone accanto al martirio; lo stesso è il significato: quello del sacrificio completo di sé per l'amore più grande. Del resto in Gesù povero, casto e obbediente la forma di vita della pratica dei consigli evangelici ha coinciso con il dono di sé nel martirio, nella testimonianza suprema all'amore del Padre sul legno della croce. La consacrazione religiosa ha il suo significato in relazione all'Eucaristia; è morire con Cristo per la redenzione del mondo; la prova suprema dell'amore al Padre; essa pertanto esprime il mistero dell'amore della Chiesa santa che si ridona al Cristo nell'amore supremo come ringraziamento dell'amore che ha ricevuto. Il religioso con la professione dei consigli evangelici porta a compimento la offerta sacrificale della propria vita a Dio (cf. c. 607, § 1). Come alla Chiesa non mancano mai la testimonianza del martirio e la prova delle persecuzioni, così non manca mai e non può mancare la testimonianza dell'amore supremo nella professione dei consigli evangelici.

b. La Chiesa mistero di comunione e la vita consacrata

Ma la vita religiosa si congiunge al mistero della Chiesa anche in un'altra prospettiva, che si riconduce, ma per un'altra via, a quella appena indicata.

La Chiesa, in quanto è comunione, dice relazione a Dio e ai fratelli. La comunione della Chiesa ha inseparabilmente una duplice dimensione verticale e orizzontale. La Chiesa è comunione perché essa nasce dalla comunicazione dello Spirito Santo, donato dal

Padre, attraverso la morte di Gesù sulla croce: è lo Spirito Santo che dà coesione e unità alla Chiesa e che continuamente la fa crescere verso l'unità sempre più profonda: «Così la Chiesa universale si presenta come «un popolo che deriva la sua unità dall'unità del Padre, del Figlio e dello Spirito Santo» (cf. *LG* 4). Il nuovo popolo messianico «ha per legge il nuovo precetto di amare come lo stesso Cristo ci ha amati (*Gv* 13, 34)» (cf. *LG* 9).

Il dono dello Spirito ci santifica donandoci la grazia acquistata da Gesù con il suo sangue prezioso: i battezzati, in quanto hanno ricevuto il dono dello Spirito Santo, sono santi e la santità di Dio ad essi comunicata, oltre che trasformare il loro essere, al punto che essi sono veramente figli di Dio, stabilisce una profonda comunione tra di loro: la *communio sanctorum*. I santi, figli di Dio, sono ammessi al banchetto di Dio e si nutrono delle cose sante, date da Dio a tutti i suoi figli. Essi nati da Dio, divenuti figli di Dio, partecipi della sua natura divina, vivono delle cose sante, dei mezzi che Dio mette a loro disposizione attraverso il ministero della Chiesa. Essi, rigenerati da Dio, superano il proprio egoismo e si pongono a totale disposizione, amano i fratelli come Gesù li ha amati: il segno della presenza di Dio nella Chiesa è precisamente l'amore dei fratelli sull'esempio e nella forza di Gesù: amarsi come Gesù ci ha amati, è possibile soltanto perché si è creature nuove, rigenerate dalla grazia, nate dallo Spirito (cf. *GS* 24).

È in questa linea che si muove la vita religiosa, sia perché nella sua pratica «in un modo tutto suo proprio si manifesta» la santità della Chiesa, sia perché essa è la strada regale per la perfezione della carità. Di fatto la sorgente della consacrazione religiosa e il suo significato sono l'amore di Dio e del prossimo.

Paolo VI ebbe a scrivere che «i religiosi sono i testimoni eccezionali della transcendenza dell'amore di Cristo»[30]. La costituzione *Lumen Gentium* afferma che la verginità consacrata è tenuta dalla Chiesa «quale segno e stimolo della carità» (cf. *LG* 42). I religiosi poi avanzano nella fedeltà alla loro vocazione «nella gioia spirituale sul cammino della carità» (*LG* 43).

Di fatto i religiosi si congiungono in modo speciale al mistero della Chiesa-comunione non solo per il dono che fanno al Signore, divenendo segno luminoso della santità della Chiesa, e non solo per la carità che li anima in tale dono, sia verso Dio che verso il prossimo, ma anche in modo speciale per la loro unione fraterna. Eccettuata la forma di consacrazione dell'eremitismo, che pure ha la sua nobiltà e che la Chiesa ha nuovamente riconosciuta (cf. c. 603), la vita consacrata approvata dalla Chiesa si realizza all'interno di un istituto, di una comunità che si impegna a vivere la vita fraterna[31].

La vita fraterna, in modo particolare se in comune, evidenzia l'unità che proviene dalla nuova nascita battesimale, e dal vincolo della comune vocazione nello stesso istituto: si tratta di una nuova fraternità che viene dall'alto; impegna ad accettarsi come fratelli e sorelle, e a mettere tutto in comune: se il Signore chiama alla stessa vocazione, a realizzare lo stesso progetto di vita dell'istituto nella Chiesa, i religiosi rispondono con l'amore verso Dio e i fratelli e le sorelle. Così si chiamano e così sono. La legge della fra-

---

[30] *Evangelica Testificatio*, n. 3.
[31] Non è necessario in questo contesto soffermarci sulla distinzione fatta dal codice sulla vita fraterna (cf. c. 602), propria di ogni istituto di vita consacrata, e vita fraterna in comune (cf. c. 607, § 2), propria degli istituti religiosi.

ternità è alla base della organizzazione e della vita dell'istituto. Sono pertanto esempio della riconciliazione universale in Cristo: vivono la realtà che il mistero della Chiesa significa e attua, fino al suo pieno compimento alla fine dei tempi.

2) *La vita consacrata e il bene della Chiesa*

La seconda affermazione contenuta nel testo citato di *LG* 44 è che la vita spirituale dei religiosi «deve pure essere consacrata al bene di tutta la Chiesa». La portata di tale affermazione viene specificata dalla stessa costituzione, che ha cura di sottolineare il nesso tra la prima e la seconda parte della affermazione: «Di qui deriva il dovere di lavorare, secondo le forze e la forma della propria vocazione, sia con la preghiera, sia anche con l'attività effettiva, a radicare e consolidare negli animi il regno di Cristo e a dilatarlo in ogni parte».

a. Va anzitutto annotato che la stessa vita consacrata, in quanto si congiunge al mistero della Chiesa, sia in quanto santa sia in quanto comunione, non può essere compresa se non in riferimento al mistero di Cristo e della Chiesa: come Cristo casto, povero e obbediente ha redento il mondo, così coloro che seguono la forma di vita di Gesù cooperano con lui alla redenzione del mondo, all'edificazione della Chiesa. L'affermazione generale in sé non ha bisogno di essere ulteriormente trattata. Ciò che invece al Concilio preme sottolineare è che tale servizio alla Chiesa va fatto «secondo le forze e la forma della propria vocazione, sia con la preghiera, sia con l'attività effettiva». Si tratta della dimensione apostolica della vita religiosa nella Chiesa. Dell'apostolato attivo e del suo significato negli istituti che vi sono dedicati tratta il decreto *PC* 8.

b. In modo particolare il servizio alla Chiesa va fatto secondo «la forma della propria vocazione», cioè secondo l'indole di ogni istituto» (*LG* 46). Più specificamente il decreto *Perfectae Caritatis*, dopo aver affermato che «torna a vantaggio della Chiesa stessa che gli istituti abbiano una loro propria fisionomia ed una loro propria funzione» deduce: «Perciò si conoscano e si osservino fedelmente lo spirito e le finalità proprie dei fondatori, come pure le sane tradizioni, poiché ciò costituisce il patrimonio di ciascun istituto (*PC* 2b, 2c, 5).

Vi sono diversi modi però di servire la Chiesa, secondo la diversa indole degli istituti. Lo stesso decreto distingue in particolare gli istituti di vita contemplativa e quelli di vita attiva (cf. *PC* 7-8).

Tali testi conciliari, ai quali se ne potrebbero aggiungere altri, hanno trovato un'ordinata sistemazione nel Codice di Diritto canonico promulgato nel 1983. Il Codice del 1983 ha un capitolo apposito dedicato a «*L'apostolato degli istituti*» (cf. cc. 673-683)[32]. La limitatezza dello spazio non ci permette di addentrarci nell'argomento.

Ricordiamo solo che l'attività apostolica è un'attività della Chiesa, in quanto è fatta da religiosi membri di un istituto approvato dalla stessa e che pertanto gode di personalità giuridica pubblica: quanto essi fanno è compiuto perché affidato loro dalla Chiesa, a suo nome e per suo mandato. «L'azione apostolica,

---

[32] Cf. V. DE PAOLIS, *La vita consacrata nella Chiesa*, o.c. (cf. nt. 28), 331-359.

da esercitarsi a nome della Chiesa e per suo mandato, sia condotta nella comunione con la Chiesa» (cf. c. 675, § 3). A tale proposito è opportuno ricordare anche un'altra norma della Chiesa: «I fedeli sono tenuti all'obbligo di conservare sempre, anche nel loro modo di agire, la comunione con la Chiesa», e «Adempiano con grande diligenza i doveri cui sono tenuti sia nei confronti della Chiesa universale, sia nei confronti della Chiesa particolare alla quale appartengono, secondo le disposizioni del diritto» (c. 209, §§ 1-2).

3) *La Chiesa e l'indole propria di ogni istituto*

La terza ed ultima affermazione contenuta nel testo che stiamo esaminando spiega il senso dell'impegno apostolico degli istituti religiosi nella Chiesa. Da quanto detto non crediamo opportuno soffermarci ulteriormente, perché l'affermazione risulta già chiarita: «Per questo la Chiesa difende e sostiene l'indole propria dei vari istituti religiosi». Dal momento che gli istituti sono un dono divino alla Chiesa per le sue diverse esigenze, spetta alla Chiesa accoglierli e proteggere la loro identità. Solo rimanendo fedeli al dono dello Spirito, gli istituti potranno dare alla Chiesa quel servizio per il quale lo Spirito Santo li ha ispirati.

4) *L'esenzione e l'autonomia.*

Il primo argomento che il Concilio avrebbe dovuto trattare, in base al risultato della consultazione della commissione ante-preparatoria, sarebbe dovuto essere quello della esenzione e della autonomia degli istituti religiosi. Di fatto esso è stato oggetto di equivoci e di fraintendimenti, ed anche di litigi, lungo il corso della storia.

a. L'esenzione e il codice del 1917

Il codice del 1917 distingueva gli istituti esenti e quelli non esenti. Senza voler entrare nei dettagli, si può dire che sia per gli istituti esenti che per quelli non esenti erano comuni due principi generali di grande importanza: il primo principio affermava chiaramente che gli istituti religiosi, almeno quelli di diritto pontificio, fossero essi maschili o femminili, dipendevano, per la loro vita interna e disciplinare, in modo immediato ed esclusivo dalla Santa Sede; il secondo diceva che per quanto riguarda l'apostolato e la cura delle anime, come pure il culto divino al di fuori delle proprie case, tutti i religiosi dovevano sottostare all'obbedienza del Vescovo, pastore della diocesi. I due principi contemperano da una parte le esigenze degli istituti religiosi e dall'altra quelle della dignità del Vescovo diocesano nella propria Chiesa particolare.

b. L'esenzione e il Concilio.

Il Concilio ha trattato, come era stato chiesto, il tema della esenzione. La costituzione *Lumen Gentium* se ne è occupata a livello di principi generali; altri documenti conciliari (per es. *Christus Dominus*) e postconciliari (*Motu Proprio Ecclesiae Sanctae*, il documento *Mutuae Relationes*) da un punto di vista piuttosto disciplinare. Il n. 45 della *Lumen Gentium* offre i principi generali: da una parte afferma che il Romano Pontefice «perché sia provveduto il meglio possibile alle necessità dell'intero gregge del Signore... può, in ragione del suo primato sulla Chiesa universale e in vista dell'interesse comune, esentare ogni istituto di perfezione e ciascuno dei suoi membri dalla giurisdizione dell'Ordinario del luogo e sottoporli a sé solo» e dall'altra ricorda agli istituti religiosi che «nel compiere i loro doveri verso la Chiesa secondo la loro forma particolare di vita, devono, conforme alle leggi canoniche, prestare riverenza e obbedienza ai vescovi, a causa della loro autorità pastorale nelle Chiese particolari e per la necessaria unità e concordia nel lavoro apostolico».

c. L'autonomia e l'esenzione nel nuovo Codice[33].

Il Codice propriamente non parla più degli istituti esenti e non esenti[34]. Il Codice parla dell'esenzione, c. 591, nei termini della costituzione *Lumen Gentium*, come diritto e possibilità che il Sovrano Pontefice ha di esentare istituti di vita consacrata o singole persone dalla giurisdizione episcopale, là dove essi in forza del diritto vi sono sottomessi. L'esenzione pertanto riguarda piuttosto il futuro: «Per meglio provvedere al bene degli istituti e alle necessità dell'apostolato il Sommo Pontefice, in ragione del suo primato sulla Chiesa universale, può esimere gli istituti di vita consacrata dal governo degli Ordinari del luogo e sottoporli soltanto alla propria autorità, o ad altra autorità ecclesiastica, in vista di un vantaggio comune».

Per quanto riguarda invece la legislazione che regola in genere gli istituti di vita consacrata, il Codice riconosce anzitutto una giusta autonomia ad ogni isti-

---

[33] Cf. J. MARTIN, *Exemptio Religiosorum iuxta Concilium Vaticanum II*, Roma 1980; V. DE PAOLIS, *Exemptio an autonomia institutorum vitae consecratae*, in *Periodica*, 71 (1982) 147-178; G. GHIRLANDA, *La giusta autonomia e l'esenzione degli Istituti religiosi: fondamenti ed estensione*, in *Vita Consacrata* 25 (1989) 679-699.

[34] È indubbio che eventuali indulti e privilegi che gli istituti avessero goduto prima del Codice, rimangono intatti, in forza del c. 4.

tuto: tale legittima autonomia (non indipendenza!) è proprio in forza del patrimonio di cui ogni istituto è depositario. L'ambito dell'autonomia riguarda la vita dell'istituto, ma è sottolineata particolarmente per il governo (cf. c. 586).

Tale autonomia è più o meno estesa, a seconda che si tratti di istituti clericali o laicali (cf. cc. 588, 596), di diritto diocesano o di diritto pontificio. Si può dire che è più estesa per gli istituti clericali rispetto a quelli laicali; per gli istituti di diritto pontificio rispetto a quelli di diritto diocesano. Di fatto gli istituti clericali di diritto pontificio godono nella Chiesa anche di una potestà di governo in foro esterno (cf. c. 596, § 2). Gli istituti di diritto pontificio per la loro vita interna dipendono in modo immediato ed esclusivo dalla S. Sede (cf. c. 593); quelli diocesani rimangono sotto una speciale cura del Vescovo diocesano (cf. c. 594). Speciali facoltà sono concesse dal Codice ai Vescovi sui Monasteri di monache sui iuris; oppure in qualche caso sui religiosi in genere o in specie.

Per quanto riguarda invece l'apostolato, il culto divino e la cura delle anime, gli istituti devono sottostare alle direttive e all'obbedienza del Vescovo diocesano (cf. c. 678, § 1) ed insieme anche ai superiori religiosi (cf. c. 678, § 2): in pratica occorre un'armonia di intenti tra i Vescovi e i superiori (cf. c. 678, § 3). Perché però il Vescovo diocesano possa affidare un ufficio ad un religioso si richiede sempre la presentazione o il consenso del superiore religioso (cf. c. 682, § 2). Particolare attenzione il Codice ha prestato all'affidamento di parrocchie agli istituti religiosi (cf. c. 520)[35]. Ad evitare litigi, il Codice prescrive che si fac-

---

[35] Vedi V. DE PAOLIS, *Il religioso parroco*, in *Orientamenti pastorali*, 31 (1983) 69-75; ID., *Vita religiosa e parrocchia*, Roma

cia in tali casi una convenzione tra Vescovo diocesano e superiore religioso.

In questa materia è opportuno ricordare che gli istituti di vita consacrata in quanto tali, anche se ancora di diritto diocesano, sono un dono fatto alla Chiesa (cf. c. 575). Il c. 590, § 1 ricorda: «Gli istituti di vita consacrata, in quanto dediti in modo speciale al servizio di Dio e di tutta la Chiesa, sono per un titolo peculiare soggetti alla suprema autorità della Chiesa stessa». Proprio per questo, aggiunge il § 2: «I singoli membri sono tenuti ad obbedire al Sommo Pontefice, come loro supremo Moderatore, anche in forza del vincolo sacro di obbedienza». L'autonomia e la sottomissione di essi, almeno entro certi limiti, in modo immediato ed esclusivo alla Sede Apostolica trova la sua ragione proprio in questa loro destinazione alla Chiesa universale: se sono per la Chiesa universale è giusto che siano sottomessi all'autorità suprema della Chiesa, cioè il Romano Pontefice.

Tuttavia si devono tenere presenti anche le esigenze dell'apostolato e l'inserimento dei religiosi nella chiesa particolare: di qui la necessità che per quanto riguarda il loro operare nella chiesa particolare siano sottoposti all'autorità della chiesa particolare, oltre che a quella dei superiori. Il Santo Padre Giovanni Paolo II in occasione della presentazione del documento *Mutuae Relationes* ebbe a dire ai Superiori generali le seguenti parole: «Ovunque vi troviate nel mondo, voi siete, con la vostra vocazione, per la Chie-

---

1985, 154-178; ID., *De Paroeciis institutis religiosis committendis*, in *Periodica*, 74 (1985) 389-417; ID., *Schema tipo di convenzione per l'affidamento delle parrocchie ai religiosi*, in *Informationes SCRIS* 12 (1986) 133-150; 233-259.

sa universale, attraverso la vostra missione in una chiesa locale»[36].

Si deve ad ogni modo evitare «il pericolo di una situazione non sufficientemente definita, per cui i religiosi, senza la dovuta considerazione del particolare stile di azione proprio e della loro indole, vengano inseriti nella vita della Chiesa in modo vago ed ambiguo»[37].

5) *Il ministero di santificazione*

La Chiesa, con la sua funzione santificatrice, entra nel cuore stesso della consacrazione: «con la sua azione liturgica la presenta pure come stato di consacrazione» (*LG* 45). Il testo spiega il senso di tale affermazione: la Chiesa «in nome dell'autorità affidatagli da Dio, riceve i voti di quelli che fanno la professione»; inoltre la Chiesa prega per i religiosi, li benedice e li associa al mistero eucaristico: «per loro impetra da Dio gli aiuti e la grazia con la sua preghiera pubblica, li raccomanda a Dio e impartisce loro una benedizione spirituale, associando la loro offerta al sacrificio eucaristico» (*LG* 45). Tutto questo risulta in modo chiaro dalla liturgia della professione religiosa, soprattutto quella perpetua. Il c. 654 precisa: «Con la professione religiosa i membri assumono i tre consigli evangelici da osservarsi con voto pubblico, sono consacrati a Dio mediante il ministero della Chiesa»[38].

Sul particolare significato della professione perpetua, il n. 44 della costituzione *Lumen Gentium* af-

---

[36] Cf. OSSERVATORE ROMANO, 25 nov. 1978, 2.
[37] *Mutuae Relationes*, 9.
[38] «*Deo per Ecclesiae ministerium consecrantur*».

ferma: «La consacrazione poi sarà tanto più perfetta, in quanto i legami più solidi e stabili riproducono di più l'immagine del Cristo unito alla Chiesa sua sposa da un legame indissolubile». In base a tale principio l'Istruzione *Renovationis Causam* ha permesso l'assunzione dei consigli evangelici, anche per i religiosi, con altri sacri vincoli diversi dai voti. Autorizzazione che era ad experimentum e che il nuovo Codice ha abolito (cf. c. 607, § 2).

Vogliamo concludere con la citazione di un testo che invita a dare una formazione ecclesiale alle persone consacrate:

«Il lavoro di formazione si svolgerà necessariamente in comunione con la Chiesa di cui i religiosi sono figli e nell'obbedienza filiale ai propri Pastori...

Da lei riceviamo il Vangelo, che lei ci aiuta a comprendere, grazie alla sua Tradizione e all'interpretazione autentica del magistero»[39].

Ciò comporta che si sviluppi «presso le religiose e i religiosi una maniera di "sentire" non solo "con" ma, come dice S. Ignazio di Loyola, "dentro" la Chiesa. Questo senso della Chiesa consiste nell'avere coscienza che si appartiene a un popolo in cammino»[40].

Infine, «Il senso della Chiesa comporta anche il senso della comunione ecclesiale... I religiosi, comunità ecclesiale, sono (...) chiamati ad essere nella Chiesa e nel mondo "esperti di comunione", testimoni ed artefici di quel progetto di comunione che sta al vertice della storia dell'uomo secondo Dio...

Per questo, soprattutto durante la formazione

---

[39] CONGREGAZIONE PER GLI ISTITUTI DI VITA CONSACRATA E LE SOCIETÀ DI VITA APOSTOLICA, *Direttive sulla formazione negli istituti religiosi*, Roma 2 febbraio 1990, n. 23.

[40] *Ibid.*, n. 24.

iniziale, "la vita comune vista particolarmente in quanto esperienza e testimonianza di comunione", sarà considerata come un ambiente indispensabile e un mezzo privilegiato di formazione»[41].

P. VELASIO DE PAOLIS, C.S.

---

[41] *Ibid.*, n. 25.

NATURA COMUNITARIA DELL'APOSTOLATO NELLA VITA RELIGIOSA LAICALE

1. L'attività apostolica dei religiosi, soprattutto quella propria degli istituti laicali, della quale intendiamo trattare in questo articolo, deve essere caratterizzata dalla natura comunitaria.

Questa posizione non è nuova: si fonda sulla stessa prassi secolare degli istituti religiosi laicali, che si dedicano alle opere di misericordia spirituale e temporale.

Di fronte al fatto che alcuni dei membri di questi istituti, svolgendo la loro attività alla pari di lavoratori stipendiati, hanno perduto la caratteristica comunitaria, non solo della vita fraterna come tale, ma anche dell'apostolato, il Sommo Pontefice Giovanni Paolo II nel 1982 ha avuto l'occasione di ricordare quanto segue: «La dimensione comunitaria deve essere presente nel vostro lavoro apostolico. Infatti il religioso non è chiamato ad agire da solo o per suo conto»[1].

Questa idea è stata di nuovo ribadita dal Sommo Pontefice anche nella sua Lettera del 3 aprile 1983, inviata ai Vescovi degli Stati Uniti d'America su alcuni problemi riguardanti la vita religiosa in quella nazione, così pure dall'allora Congregazione per i Religiosi e gli Istituti Secolari nel Documento *Gli elementi essenziali dell'insegnamento della Chiesa sugli istituti dediti all'apostolato*, emanato il 31 maggio 1983[2].

---

[1] All. ai religiosi e ai membri degli istituti secolari, Madrid 2 nov. 1982, in *AAS* 75 (1983) 276-277 (traduzione nostra).

[2] Testi originali in lingua inglese e versione italiana in *Enchiridion Vaticanum* (= *EV*) 9/184-296.

Questa posizione è ben espressa dai seguenti passi presi dai due documenti citati sopra:

«Vi sono elementi comuni a tutte le forme di vita religiosa, che la Chiesa stessa ritiene essenziali. Questi comprendono: ...una partecipazione alla missione di Cristo tramite un *apostolato comunitario*»[3].

«La Chiesa considera taluni elementi essenziali alla vita religiosa: ...per gli istituti dediti alle opere di missione, una partecipazione alla missione di Cristo con un *apostolato di gruppo* fedele a uno specifico carisma di fondazione e a una sana tradizione»[4].

«Un ulteriore aspetto della natura pubblica della consacrazione religiosa consiste nel fatto che *l'apostolato dei religiosi è sempre, in qualche modo, di gruppo*»[5].

«Quale che possa essere il servizio mediante il quale si trasmette la Parola, la missione stessa è condotta *entro una responsabilità comunitaria*. È all'istituto nel suo insieme che la Chiesa affida quella partecipazione alla missione di Cristo che lo caratterizzerà e che si esprime nelle opere ispirate dal carisma di fondazione. Questa *missione comunitaria*... significa piuttosto che i lavori di tutti i membri sono direttamente rivolti a quel *comune apostolato* che la Chiesa ha riconosciuto espressivo dello scopo dell'Istituto. *Un tale comune e costante apostolato* è parte della sana tradizione dell'Istituto... L'integrità dell'*apostolato comune* costituisce una responsabilità specifica dei superiori»[6].

---

[3] Cf. *EV* 9/187 (sottolineatura nostra).
[4] Cf. *EV* 9/196 (sottolineatura nostra).
[5] Cf. *EV* 9/202 (sottolineatura nostra).
[6] Cf. *EV* 9/217 (sottolineatura nostra).

È importante considerare la terminologia che viene usata in questi documenti, in riferimento all'attività apostolica dei religiosi:

— in *inglese* — la lingua nella quale è stata scritta sia la lettera del Sommo Pontefice del 3 aprile 1983 sia il Documento della Congregazione del 31 maggio — troviamo le seguenti espressioni: «*corporate apostolate*», «*corporate mission*», «*common apostolate*»[7].

— in *italiano*, invece, tali espressioni vengono tradotte con: «*apostolato corporativo*»[8] «*apostolato di gruppo*»[9], «*apostolato comunitario*»[10], «*apostolato comune*»[11], «*missione comunitaria*»[12], «*missione corporativa*»[13].

2. La Chiesa, allora, vuole che l'apostolato dei religiosi non sia svolto allo stesso modo dell'attività propria dei laici o dei membri della maggior parte degli istituti secolari, cioè a titolo individuale e personale. La mente della Chiesa è che l'attività apostolica del singolo religioso non solo sia effettuata sotto la guida dell'obbedienza, in forza della missione ricevuta dai legittimi superiori, ma anche che essa sia una forma di partecipazione all'apostolato della comunità.

Questa seconda condizione veniva rispettata, anche fino a tempi recenti, per il solo fatto che i religiosi e le religiose della stessa comunità o casa, erano generalmente tutti al servizio di una stessa opera dell'isti-

---

[7] Cf. *EV* 9/187; 196; 202; 217.
[8] Cf. *Documenti sulla vita religiosa (1963-1990)* (a cura di J. Aubry), Torino 1990, nn. 582; 600.
[9] Cf. *EV* 9/196; 202.
[10] Cf. *EV* 9/187; *Documenti...* (cf. nt. 8), nn. 591, 600, 628.
[11] Cf. *EV* 9/217.
[12] Cf. *Ibid.*
[13] Cf. *Documenti...* (cf. nt. 8), n. 627.

tuto: una scuola, un pensionato, un ospedale, una clinica, un altro tipo di attività sociale, ecc. Tale attività era considerata dell'istituto, in quanto si svolgeva sotto la sua responsabilità e per l'opera dei suoi membri, sebbene in essa prestassero la loro attività anche laici secolari in qualità di collaboratori.

Oggi, in molti paesi sviluppati, questa forma di lavoro comune dell'istituto non è più ritenuta. In una medesima comunità adesso convivono allo stesso tempo membri che esercitano un'attività apostolica al di fuori di ogni opera o istituzione dell'istituto, alcuni in un posto, altri in un altro. Nella loro attività apostolica, che con nome civile viene chiamata «professione», religiosi e religiose, membri dello stesso istituto, dipendono da altri e diversi organi direttivi, che non appartengono all'istituto e spesso non hanno neppure qualche rapporto con la Chiesa.

A motivo della situazione religiosa e delle esigenze dell'evangelizzazione, in alcuni luoghi questa nuova struttura appare ogni volta di più necessaria, in quanto più adeguata ed utile. Ma diversi sono tuttavia i pericoli che bisogna evitare, come, ad esempio, l'abbandono della peculiare caratterizzazione dell'apostolato proprio degli istituti religiosi, cioè la dimensione comunitaria e quindi la perdita dell'identità più profonda di essi.

3. Affinché possa essere conservata, in qualche modo, la natura comunitaria dell'apostolato dell'istituto, è necessario che le attività dei membri di una stessa comunità, svolte individualmente al di fuori di opere proprie dell'istituto, siano sostenute da un qualche *«progetto apostolico comune»*, che ne sia il supporto.

Questa nozione e terminologia nuova, «progetto apostolico comune», è stata recentemente assunta presso molti istituti religiosi laicali dell'Europa occidentale e specialmente presso gli istituti religiosi che, all'incirca a partire dall'anno 1968 fino all'anno 1975, in grandissima parte hanno lasciato le loro specifiche attività. Questi istituti, una quindicina di anni dopo, pur nella consapevolezza che il cambiamento è stato una necessità, hanno tuttavia avvertito l'urgente bisogno, non di riprendere le opere che una volta avevano come proprie, in quanto materialmente impossibile, ma almeno di recuperare una dimensione comunitaria da esprimere ed esercitare nell'attività personale dei singoli membri.

Ci sembra importante accennare qui all'ottima analisi sociologica fatta su questa problematica dal R.P. Henry Baudry, il quale è un esperto sullo stato della vita religiosa in Francia ed inoltre superiore generale della sua congregazione e allo stesso tempo vicario episcopale per i religiosi della diocesi di Luçon, in Francia. Così egli scrive:

«Se si osserva l'evoluzione della vita religiosa da un trentennio a questa parte, ci si accorge che alla situazione dove le comunità locali si identificavano con le proprie opere apostoliche è succeduta la fase dello scoppio delle comunità a causa del moltiplicarsi di impegni personali dei loro membri. Ma dopo diversi anni, integrando l'acquisizione di questa tappa, molti hanno visto che è necessario riscoprire l'apostolato comunitario, in particolare elaborando un nuovo progetto apostolico comunitario. Questo cammino può andare fino alla riscoperta del valore di intraprendere un'attività apostolica comune»[14].

---

[14] «Si l'on observe l'évolution de la vie religieuse apostolique depuis une trentaine d'années, on s'aperçois qu'à la situation où les communautés locales s'identifiaient à des oeuvres apostoliques

4. Dopo quindici o venti anni di dispersione dei loro membri nell'esercizio di attività apostoliche individuali, ci sono nell'Europa occidentale molti istituti che vogliono recuperare una relazione oggettiva con le proprie attuali attività in qualche modo equivalente a quella di una volta, quando cioè tutti i membri di una stessa comunità erano uniti fra di loro nell'esercizio della stessa attività apostolica.

In modo più intuitivo che discorsivo, questi istituti, nel comune progetto apostolico, desiderano di nuovo recuperare l'unità d'azione già perduta, ma suscettibile di essere di nuovo ricomposta, per così dire, «in un sol fascio», a partire proprio dall'azione apostolica individuale dei membri di una stessa comunità, i quali non si dedicano più ad un'unica attività comune di apostolato.

Si può obiettare che per secoli i nostri predecessori hanno vissuto senza un «progetto apostolico comune». Ma è facile rispondere che la situazione era diversa, in quanto vigeva l'unità in una comune attività. Il progetto apostolico era iscritto nelle stesse mura dell'istituzione (scuola, clinica, ecc.), in cui viveva la comunità ed esplicava il suo servizio apostolico, così

---

a succédé la phase d'éclatement des communautés par la multiplication des engagements personnels. Depuis plusieurs années, intégrant l'acquis de cette étape, beaucoup ont estimé nécessaire de redécouvrir l'apostolat communautaire, en particulier par l'elaboration d'un projet apostolique communautaire. Cette démarche peut aller jusqu'à la redécouverte de l'intérêt qu'il y a à s'investir dans une interprise apostolique commune» (H. BAUDRY, *L'expérience communautaire des instituts religieux. Une dimension à réévaluer de leur service apostolique*, in *Bulletin des Religieuses dans les Professions de Santé*, n. 327, 1989/93, 216-217; la traduzione nel testo è nostra).

che non era necessario esprimerlo. I religiosi vivevano lì dove operavano, senza che dovessero spiegare che cosa facessero. Allora, in modo del tutto spontaneo realizzavano il «progetto apostolico comune».

5. Il «progetto apostolico comune», come suole essere chiamato, sarà la strada, attraverso la quale una comunità «polivalente» potrà raggiungere il fine apostolico dell'istituto, fatti, tuttavia, sempre salvi la varietà delle circostanze del luogo, le attività dei singoli garantite dall'obbedienza, e anche i doveri della vita comune, che possono essere diversi secondo il carisma dell'istituto.

Si parla di «comunità polivalente». Si potrebbe trovare ed usare anche un altro termine. Qui l'abbiamo assunto perché molti istituti oggi lo usano per designare quelle comunità in cui i membri che le compongono non esercitano più una loro comune attività apostolica in un'opera propria.

Il «progetto apostolico comune» dev'essere una programmazione di un certo modo di intendere e di procedere comune, attraverso il quale tutti i membri portano avanti il proprio lavoro individuale. Questo modo di agire comune può essere diverso a seconda delle comunità che, facendo tesoro dell'esperienza, con una ricerca laboriosa comune lo definiscono, lo espongono per iscritto e lo sottopongono all'approvazione del superiore maggiore competente.

Questo modo di procedere comune conferisce un'*unità oggettiva* alle diverse attività dei religiosi della stessa comunità, e questa unità è più piena e più solida di quella che nasce come soggettiva dalla comunicazione fraterna, con la quale i singoli semplicemente espongono oralmente le singole attività. Tale progetto, redatto per iscritto e approvato dai superiori, sembra essere un progresso, in quanto supera la semplice scambievole informazione all'interno della comunità, fatta tra i membri di essa.

Nasce tuttavia un problema: ricevere la propria missione dai superiori maggiori, conservare la fedeltà al carisma dell'istituto, osservare le costituzioni, sono sufficienti, tutte queste cose, a conservare la natura comunitaria dell'apostolato dell'intera comunità religiosa laicale? A questo problema, per gli istituti religiosi laicali si risponde negativamente.

Il motivo di questa risposta negativa è il seguente: la comunità religiosa laicale che non offre un'immagine comunitaria della sua attività attraverso un'azione comune, deve necessariamente recuperarla in altro modo, e l'unico modo per farlo è mettendo in pratica quel progetto apostolico comune. Questo progetto suscita una visione comune nella scelta concreta dell'apostolato individuale di ciascuno membro. Tale progetto, esprimendo e allo stesso tempo conservando lo spirito comunitario, produce pure un'obiettiva unità mediante la quale vengono coordinati i diversi impegni individuali dei membri di un'unica comunità.

6. Questa «unità oggettiva», tuttavia, tanto più facilmente viene conseguita e stabilita, quanto più vengono trovati elementi comuni nelle diverse attività apostoliche dei membri.

In base all'esperienza di questi ultimi venti anni degli istituti che non hanno più opere comuni, si possono individuare le circostanze più favorevoli per costruire il «progetto apostolico comune» e conseguentemente per conservare la dimensione comunitaria dell'apostolato esercitato in strutture non appartenenti all'istituto.

La prima circostanza consiste nel fatto, per esempio, che tre o quattro membri della stessa comunità esercitano diversi ministeri, ma nello stesso posto, cioè o in una piccola città o in una determinata parte di una città più grande, o in una zona di campagna, in una estensione ben definita, e a servizio della stessa popolazione, socialmente e culturalmente abbastanza omogenei.

La seconda forma si presenta così: tre o quattro membri esercitano gli stessi ministeri in luoghi diversi abbastanza lontani fra di loro, ma di fronte ad una medesima realtà umana. Così, per esempio, quattro religiose possono dedicarsi alla cura degli ammalati in uno stesso territorio molto esteso e disperso.

Al contrario, per esperienza appare chiaro, per esempio, che tre religiosi della medesima piccola comunità, che esercitano diverse attività in posti abbastanza distanti l'uno dall'altro e che raggiungono situazioni umane molto diverse, difficilmente realizzano un vero «progetto apostolico comune», con il quale il loro lavoro possa unificarsi. Questo tipo di polivalenza spinta all'estremo dove la diversità è massimale (diversità di attività, di luoghi di esercizio di essa, di situazioni umane a cui ci si rivolge) dovrebbe essere evitata il più possibile: essa non solo impedisce la dimensione comunitaria dell'apostolato, ma anzi potrebbe produrre la distruzione della comunità.

7. Questi fatti sono tanti inviti per gli istituti che hanno membri molto dispersi, avendo abbandonato le loro proprie opere, a ricentrarsi, ora, su un qualcosa; perfino, se ancora lo possono fare, impegnandosi in attività apostoliche, anche se dalle strutture leggere, ma che siano opere proprie visibili e così essere anche dal di fuori riconoscibili come opere comuni di un istituto religioso.

MICHEL DORTEL-CLAUDOT, S.J.

ALCUNI PUNTI IN VISTA DEL SINODO DEI VESCOVI SULLA VITA CONSACRATA

I. Punti di partenza

A. *Riferimento ai due Sinodi precedenti*

Il titolo del tema da studiare e discutere nella IX Assemblea generale ordinaria del Sinodo dei Vescovi (ottobre 1994) «*La vita consacrata e la sua missione nella Chiesa e nel mondo*» vuole essere in relazione ai due Sinodi precedenti (1987 e 1990), che hanno trattato degli altri stati di vita nella Chiesa, quello laicale e quello clericale[1].

Tale proposito non è che da accogliersi con entusiasmo, in quanto finalmente si vede riconosciuta la posizione essenziale della vita consacrata nella Chiesa, alla stessa stregua che quella del laicato e del ministero sacro; tuttavia alcuni rilievi vanno fatti per evitare di cadere in qualche equivoco.

È da notare innanzitutto che il Sinodo dei Vescovi del 1987 sui laici e l'Es.ap. postsinodale di Giovanni Paolo II *Christifideles laici* non sono arrivati ad una chiara definizione del «fedele laico» nella Chiesa. L'Esortazione al n. 9[2] riprende alla lettera la defini-

---

[1] «Tuttavia la trattazione nel prossimo Sinodo della natura e missione della vita consacrata completerà idealmente la visione delle grandi vocazioni specifiche nel Corpo Mistico di Cristo: ministero sacerdotale, laicato, vita consacrata» (cf. *La vita consacrata e la sua missione nella chiesa e nel mondo - Lineamenta*, Città del Vaticano, 1992, n. 2; d'ora in poi indicato con *Lineamenta*).

[2] Cf. *AAS* 81 (1989) 405-406.

zione di laico data dal Concilio in *LG* 31a, non tenendo conto che essa è applicabile al fedele («*christifidelis*») in genere, come ha ben visto il Codice di Diritto Canonico (c. 204, § 1). Tanto meno la cosa è stata chiarita dal *Catechismo della Chiesa Cattolica*, il quale al n. 871 definisce il fedele in genere riproducendo alla lettera il c. 204, § 1 e rinviando in nota a *LG* 31a, mentre al n. 897 definisce i laici riproducendo alla lettera *LG* 31a. Il *Catechismo*, ripetendo la stessa definizione, o cade nell'equivoco di applicarla a due realtà diverse, oppure di fatto identifica queste ultime. Tale non chiarezza circa la categoria di «laico» e la differenza di essa da quella generale di «fedele», può creare delle difficoltà di comprensione quando si parla di istituti laicali sia religiosi che secolari. Comunque, al di là di una definizione chiara di «fedele laico», punto di riferimento deve rimanere l'indole propria e peculiare, anche se non esclusiva, dei laici nella Chiesa, quella secolare, come è descritta nel Concilio (*LG* 31b), nel Codice (c. 225, § 2) e nella *Christifideles laici* al n. 19[3].

Inoltre è da tener ben presente che la vita consacrata per la professione dei consigli evangelici, a differenza della vita laicale e del ministero sacro, è un genere contenente in sé una tale varietà di specie, tanto diversificate tra di loro, che se si fa riferimento solo al genere si può cadere in una considerazione astratta

---

[3] Cf. *Ibid.*, 422-424. Il Codice dei Canoni delle Chiese Orientali offre la seguente definizione: «Col nome di laici *in questo Codice* si intendono i fedeli cristiani che hanno come propria e speciale l'indole secolare e che, vivendo nel secolo, partecipano alla missione della Chiesa, ma non sono costituiti nell'ordine sacro e non sono ascritti allo stato religioso» (c. 399) (sottolineatura nostra). Chiarifica in una certa misura la questione circa la relazione agli istituti religiosi laicali, ma non a quelli secolari.

della consacrazione per la professione dei consigli evangelici nella Chiesa, con il pericolo di svuotare le varie e tante specie, di ciò che è loro proprio[4]. In questo consiste, a mio parere, la peculiare complessità e la difficoltà della trattazione del tema del prossimo Sinodo.

B. *Presa di coscienza della varietà dei carismi*

I *Lineamenta* dedicano tutto il secondo capitolo della parte prima alla *Varietà carismatica e pluralità di istituti di vita consacrata e di società di vita apostolica*, dopo aver trattato nel primo capitolo degli *Elementi fondamentali della vita consacrata*.

Il Sinodo, nei suoi lavori, non può che partire da una presa di coscienza di tanta varietà di forme e specie di vita consacrata, e della necessità, come risposta all'azione dello Spirito, che essa sia fedelmente da tutti rispettata e tutelata. Questo presupposto non può essere disatteso senza correre il rischio di condurre una riflessione che faccia astrazione dalla realtà ecclesiale, quale essa è. Si attende, allora, una teologia della vita consacrata, della quale si ha senza dubbio biso-

---

[4] Le specie all'interno del genere «vita consacrata» sono innanzitutto le forme individuali di consacrazione (eremiti, vergini consacrate nel secolo, vedove e vedovi) e quelle collettive in istituti; tra queste ultime è da considerare la distinzione tra istituti religiosi, istituti secolari e società di vita apostolica (almeno buona parte di esse); tra gli istituti religiosi vi sono varie specie: contemplativi, monastici, canonicali, conventuali, integralmente apostolici e missionari. Ma all'interno di ogni specie sono da considerare i singoli istituti. Su questo punto vedi il contributo di J. BEYER, *Originalità dei carismi di vita consacrata*, in *Periodica* 82 (1993) 256-277.

gno, che sia il prodotto di una riflessione sulla ricchezza dei doni dello Spirito, che sono vissuti esistenzialmente nella Chiesa: da tale riflessione si potranno trarre i fondamenti della «vita consacrata» nel suo genere, come forma stabile nella Chiesa, e quelli delle diverse specie[5].

Come conseguenza di questo, il Sinodo dovrebbe tener ben presente e riflettere a fondo sul fatto che il diritto proprio degli istituti esprime e tutela il dono particolare dello Spirito, che viene vissuto esistenzialmente da uomini e donne chiamati da Dio a quella particolare forma di consacrazione. Per questa sua origine carismatica, eredità dei fondatori che hanno lasciato la «*Regola*», tale diritto proprio dovrebbe essere richiamato e valorizzato, come facente parte del patrimonio spirituale e giuridico della Chiesa tutta intera, per cui esso è elemento integrante dell'ordinamento canonico stesso. Se non si fa questo si cade in un discorso astratto senza presa concreta nella vita della Chiesa e si rischia di portare ad un appiattimento degli istituti, con danno di essi e di tutta la Chiesa. Ciò sarebbe contro la lettera e lo spirito sia del Concilio che del *Codice di Diritto Canonico* della Chiesa Latina e del *Codice dei Canoni delle Chiese Orientali*.

Un rinnovamento della vita consacrata si potrà avere solo ottemperando al dettame conciliare contenuto nel Decr. *Perfectae caritatis*, n. 2: il ritorno alle fonti di ogni forma di vita cristiana e allo spirito primitivo degli istituti, pur nell'adattamento alle mutate condizioni dei tempi. Un rinnovamento della vita consacrata in astratto non è possibile, in quanto sono i

---

[5] Cf. il contributo di H. ALPHONSO, *La vita consacrata nella Chiesa e nel mondo oggi: sfide e risposte*, Ibid., 617-626.

vari istituti che debbono rinnovarsi secondo il proprio carisma, quindi secondo il proprio patrimonio spirituale, ossia quel modo tutto proprio e originale, opera dello Spirito, di entrare in rapporto con Dio e con gli uomini. Similmente, per le forme individuali di vita consacrata il rinnovamento può essere solo nella concretezza dell'ispirazione dello Spirito, approvata dalla Chiesa. Da questo rinnovamento potrà derivare a coloro che professano i consigli evangelici la concreta coscienza della missione propria nella Chiesa[6]. È auspicabile che gli istituti ricevano dal Sinodo un ulteriore incoraggiamento al rinnovamento in questo senso inteso e da molti già intrapreso. Gli istituti che alle loro origini non hanno avuto una vera ispirazione e quindi non sono sostenuti da un'autentica spiritualità, non potranno mai conseguire un rinnovamento nello Spirito e sono destinati a scomparire. Da questo non li salverà un apparente «aggiornamento», fatto di indiscriminati «ammodernamenti secolarizzanti», né fusioni con altri istituti.

C. *Fondamenti della vita consacrata*

Dopo questa presa di coscienza della varietà dei carismi, espressa nella ricchezza delle differenti spiritualità e tutelata dalle diverse *Regole*, il Sinodo potrà con frutto affrontare il tema dei *Fondamenti della vita consacrata*, più che, a mio parere, degli *Elementi fondamentali della vita consacrata*. Infatti, se si vogliono elencare gli elementi fondamentali si può correre il rischio di prendere un modello astratto di vita consacrata e applicarlo a tutte le forme. È quello che in una

---

[6] Cf. *Lineamenta*, n. 31.

qualche misura accade nei *Lineamenta*. Al n. 9, per fare solo un esempio, si insiste tanto sulla vita in comune, ignorando gli istituti secolari e le forme individuali di consacrazione (eremiti, vergini e vedove/i); inoltre il modello di vita in comune sembra piuttosto essere quello conventuale, che certamente non si adatta agli istituti integralmente dediti all'apostolato e a quelli esclusivamente missionari.

Elencare gli elementi essenziali potrebbe, inoltre, portare in un vicolo cieco. A parte la professione dei consigli evangelici per seguire Cristo nella via della perfezione della carità, in cui consiste la consacrazione stessa, comune a tutte le forme[7], ogni altro elemento differisce talmente nella sua applicazione alle diverse forme di vita consacrata che rimane estremamente difficile volerlo determinare. Anche all'interno di una forma, poi, a seconda della specie di istituti, ogni elemento, anche comune nella sua genericità, assume delle caratteristiche così differenti che, configurato astrattamente, male si adatta. Sembrerebbe più consono, invece, approfondire i fondamenti della consacrazione per la professione dei consigli evangelici: quelli teologici[8]; quelli cristologici[9]; quelli pneu-

---

[7] Anche se si deve essere ben consapevoli che gli stessi consigli vengono vissuti in modalità differenti secondo il carisma proprio di ciascun istituto.

Ai consigli evangelici i *Lineamenta* dedicano i nn. 7 e 8. Su questo punto cf. il contributo di H. BÖHLER, *Consigli evangelici tra teologia e diritto - Dal Codice del 1917 al Codice del 1983*, in *Periodica* 82 (1993) 175-204, frutto di uno studio più ampio, la sua tesi dottorale ora pubblicata, rielaborata e completata, col titolo *I consigli evangelici in prospettiva trinitaria - Sintesi dottrinale*, Cinisello Balsamo 1993.

[8] Cf. *Lineamenta*, n. 6.
[9] Cf. *Ibid.* nn. 7 e 8.

matologici, sviluppando una teologia dell'azione dello Spirito nella Chiesa attraverso i vari doni che promanano da esso[10]; quelli ecclesiologici, presentando la vita consacrata come facente parte della struttura fondamentale ed essenziale *della* Chiesa, e non come una struttura nella Chiesa, apportando un'ulteriore chiarificazione rispetto alle incertezze ancora riscontrabili nel Concilio e nel Codice[11].

D. *Necessità di una teologia della vita consacrata*

Partendo dai presupposti sopra esposti, si auspica una teologia della vita consacrata per la professione dei consigli evangelici, quindi una teologia della consacrazione e dei consigli evangelici. Solo da questa riflessione potrà venire una presa di coscienza e un'esposizione al popolo di Dio della natura della vita consacrata nella Chiesa e della sua missione nel mondo. «*Agere sequitur esse*»: non si può partire da che cosa si deve fare per scoprire che cosa si è. Si correrebbe il rischio di cadere in un puro prammatismo, indulgendo alla mentalità efficientista prevalente nella società cosiddetta «occidentale». Si perderebbe quel valore fondamentale del «discernimento spirituale» come risposta alle sfide che investono la vita consacrata[12]. Il discernimento, infatti, proprio come sfida al prammatismo, è ricerca di ciò che deve essere fatto di fronte alla sollecitazione che viene dalla socie-

---

[10] Cf. il contributo di J. Beyer, *Originalità dei carismi...*, 285-292 (cf. nota 4).

[11] Cf. *Lineamenta*, nn. 34-37. Sull'aspetto ecclesiologico della vita consacrata, vedi il contributo di V. De Paolis, *Ecclesialità della vita consacrata*, in *Periodica* 82 (1993) 567-603.

[12] Su questo punto vedi il contributo di H. Alphonso, *La vita consacrata...*, 605-635, spec. 626-632 (cf. nota 5).

tà che ci circonda, partendo dalla presa di coscienza di quello che si è nella Chiesa per il bene del mondo.

Se mancasse questa chiarificazione della natura e dell'identità della vita consacrata nella Chiesa, si potrebbe cadere in un equivoco talvolta diffuso, che va dissipato. Non si può concepire la vita consacrata nella Chiesa come un «fenomeno religioso-antropologico assunto dal cristianesimo», come cioè una specie all'interno di un genere «vita religiosa» che si ritrova anche in religioni non cristiane[13]. La vita consacrata nella Chiesa ha come elemento costitutivo e specifico la partecipazione alla consacrazione stessa di Cristo, con tutta la densità di senso che nella teologia ha il concetto di partecipazione. Essa si basa su quella consacrazione primaria che è la consacrazione battesimale con cui il cristiano è incorporato a Cristo e alla Chiesa. La consacrazione per la professione dei consigli evangelici nella Chiesa è un dono di grazia, non è uno sforzo ascetico-morale dell'uomo. È evidente che la grazia si incontra con un sostrato naturale, capace di accogliere il dono di Dio, ma non è tale sostrato umano la causa efficiente della consacrazione[14]. Oltre

---

[13] È questa una posizione espressa da C. Maccise, al Convegno Internazionale *La Vita Consacrata oggi - Carismi nella Chiesa per il mondo*, tenutosi a Roma il 22-27 nov. 1993, nella sua relazione, redatta insieme a J.M. Arnáiz e J.C.R. García Paredes, *Come comprendere e presentare la vita consacrata oggi nella Chiesa e nel mondo* (manoscritto), 3-5.

[14] Causa efficiente della consacrazione è Dio, che chiama in maniera speciale (c. 574, § 2; *LG* 44a). Dio consacra la persona nel comunicare ad essa un carisma specifico e la grazia per attuarlo, nel configurarla a Cristo in una sua sequela più stretta e nell'assunzione della forma di vita che lui stesso ha vissuto (*LG* 43; c. 577), nonché nel congiungerla in modo speciale alla Chiesa e al suo mistero (c. 573, § 1): *consacrazione divina*. Tale atto consa-

il fatto che l'analogia con forme di «vita religiosa» in religioni non cristiane, se applicata sulla base di una visione puramente fenomenologica e sociologica, potrebbe facilmente portare ad una falsa concezione di tipo sincretista, l'interpretazione dei consigli evangelici in chiave ascetico-morale è stata superata dal Vaticano II e dalla dottrina susseguente, nonché dal Codice del 1983, e sul piano dottrinale e pratico sarebbe un dannoso passo indietro chiudere tanta ricchezza di dono in termini così angusti[15].

E. *Fedeltà alla tradizione e novità*

Altro punto connesso con quanto finora esposto, è tutto lo sforzo che la Chiesa nella sua riflessione e nella sua disciplina deve fare, e con lei i singoli istituti

---

crante di Dio si manifesta e converge in un rito della Chiesa, con cui vengono assunti i consigli evangelici (c. 573, § 1).

Consegue da questo una forma stabile di vita (c. 573, § 1), uno stato di consacrato, che appartiene fermamente alla vita e alla santità della Chiesa (c. 574; *LG* 43b; 44d): *consacrazione oggettiva*. Per questo tale stato giova alla missione di salvezza della Chiesa (c. 574, § 2) ed è di istituzione divina (*LG* 43a; *PC* 1a).

L'atto di Dio e lo stato conseguito sono da una parte un dono di Dio, ma anche un'esigenza e un aiuto di grazia perché la persona consacrata risponda alla consacrazione divina e viva una vita santa, conformemente al dono ricevuto, dedicandosi con nuovo e speciale titolo al suo onore, all'edificazione della Chiesa e alla salvezza del mondo; tendendo alla perfezione della carità nel servizio del Regno di Dio; divenendo segno luminoso che preannuncia la gloria celeste (c. 573, § 1): *consacrazione personale* o *soggettiva*.

La consacrazione, il carisma e la grazia sono conferiti per un servizio nella Chiesa, che è un vero e proprio ministero, diversificato a seconda del carisma particolare, individuale o collettivo (c. 577; 604, § 1; *PC* 8; 10): *consacrazione funzionale*.

[15] Cf. il contributo già citato di H. BÖHLER (cf. nota 7).

di vita consacrata, per rispondere alle istanze insorgenti nelle Chiese «giovani», mantenendosi fedele alla lunga tradizione, che risale alle origini stesse della Chiesa. Si tocca qui il difficile problema dell'inculturazione, nel quale non è nostro compito entrare, né in modo diretto, mi sembra, debba entrarvi il prossimo Sinodo; tuttavia si può dire che la riflessione della Chiesa deve tener conto di due elementi, che debbono essere tra loro armonizzati: a) il patrimonio spirituale di tutta la Chiesa, che trova le sue radici nelle parole e negli esempi del Signore, quindi nella Rivelazione divina (*LG* 43a; *PC* 1a), e che deve essere mantenuto attraverso il tempo e nei diversi luoghi; b) l'apporto che viene dalle Chiese «giovani», in forza della loro tradizione culturale e spirituale, che, illuminata dal Vangelo, porta nuova linfa e vigore alla vita della Chiesa. Lo sforzo che compie la Chiesa, non può non riprodursi nel microcosmo di ciascun istituto di vita consacrata, in relazione al suo carisma fondazionale. Esso è un dono ricevuto, che va conservato e tutelato, ma in una maniera viva ed efficace.

Allora, base per lo sforzo della Chiesa nella lettura degli elementi emergenti che attualmente si presentano, deve essere la ripresentazione al popolo di Dio da parte del Sinodo dei fondamenti teologici, cristologici, pneumatologici ed ecclesiologici della vita consacrata e di ciò che è essenziale ad essa: la consacrazione stessa, come atto congiuntamente di Dio, dell'uomo e della Chiesa[16], e i consigli evangelici. Similmente, l'approfondimento da parte degli istituti del carisma di fondazione deve essere il punto di partenza per il discernimento circa le differenziate situazioni in cui

---

[16] Cf. nota n. 14.

esso deve essere vissuto e incarnato. Senza tali punti di riferimento oggettivi, si cadrebbe inevitabilmente nel prammatismo e sotto l'influsso di mode prevalenti, che certamente non porterebbero ad una rivitalizzazione dei vari carismi fondazionali e quindi della vita consacrata in quanto tale nella Chiesa.

II. Aspetti particolari

A. *Istituti sacerdotali o clericali*

In riferimento a quanto trattato nel n. 19 dei *Lineamenta* sarebbe auspicabile che il Sinodo affrontasse anche la questione dell'esercizio del ministero sacro da parte dei membri degli istituti clericali di vita consacrata. Si deve, infatti, tener presente che il ministero sacro, che è uno, in astratto non esiste, ma nella concretezza dei carismi particolari.

Oltre al carisma della diocesanità secolare, ci sono i vari carismi degli istituti religiosi clericali. Non si deve cadere nell'errore di identificare il ministero sacerdotale come tale col ministero diocesano. Per un istituto religioso clericale il ministero sacro è costitutivo del carisma stesso, quindi esso sarà esercitato secondo le finalità apostoliche e la spiritualità proprie dell'istituto. In un tale istituto non si è prima religiosi e poi, come un'aggiunta, sacerdoti. La coscienza da parte degli istituti religiosi sacerdotali di essere portatori di una forma concreta, carismaticamente ispirata e fondata, dell'esercizio del ministero sacro, dà loro il senso della propria identità, con conseguenze molto pratiche sia riguardo alla formazione sia riguardo al concreto inserimento nella pastorale della Chiesa particolare in cui viene esercitato il ministero.

Inoltre, si deve tener presente la peculiarità del ministero sacro esercitato dai religiosi sacerdoti dediti alla contemplazione. È un aspetto che in genere viene totalmente disatteso. Per es. il Documento *Potissimum institutionis*, al n. 106, spende solo alcune parole per quelli che fossero chiamati a svolgere il ministero della riconciliazione e della direzione spirituale a favore degli ospiti del monastero[17], ma non prende affatto in considerazione la peculiarità di esercizio del ministero sacerdotale, che sempre rimane un servizio per tutta la Chiesa, anche nella solitudine della propria cella.

Un discorso analogo a quello che è da farsi per gli istituti religiosi clericali dediti all'apostolato, si può fare per le società di vita apostolica clericali. Il problema, invece, si pone in modo diverso riguardo agli istituti secolari, perché i chierici membri di essi, non cambiando la loro condizione canonica (c. 711), normalmente dovrebbero essere incardinati nella diocesi (cc. 266, § 3; 715, § 1) e quindi l'esercizio del ministero deve avere tutte le caratteristiche di quello secolare diocesano, anche se vissuto secondo la spiritualità propria dell'istituto.

Ci si augura che sia affrontato anche il problema dei fratelli laici all'interno degli istituti clericali, richiamando al carisma fondazionale di ciascun istituto, che dev'essere sempre il punto di riferimento[18].

Potrebbe esserci stata un'illegittima clericalizzazione di istituti originariamente laicali, oppure di istituti originariamente misti o neutri, né laicali né clericali. In questi casi non dovrebbe essere incoraggiato

---

[17] Cf. *AAS* 82 (1990) 529.
[18] Cf. *Lineamenta*, n. 19b.

uno spassionato approfondimento della propria identità e delle ragioni di tale evoluzione e valutare se è possibile o prudente tornare all'ispirazione originaria?

Gli istituti, invece, che hanno sempre avuto fin dall'origine un'ispirazione carismatica prettamente sacerdotale, questa debbono mantenere e la presenza di fratelli laici deve essere considerata come una partecipazione differenziata alla stessa missione dell'istituto, per una diversa vocazione[19]. La valorizzazione della vocazione dei fratelli laici negli istituti clericali non può avvenire sulla base di spinte di carattere sociologico indiscriminatamente egalitarie e quindi rivendicative. Quest'impostazione si è inevitabilmente rivelata come una rovina per la vocazione stessa dei fratelli laici in tali istituti. Un rinnovamento spirituale in un organismo ecclesiale non potrà mai avvenire sulla base di considerazioni di solo carattere sociologico.

B. *Istituti religiosi laicali*

Per quello che riguarda gli istituti religiosi laicali[20], ambiguità possono sorgere dalla non chiara definizione di fedele laico, a cui abbiamo fatto accenno sopra. Svolgendo, infatti, i membri di questi istituti

---

[19] Il diritto proprio deve determinare chiaramente i doveri e i diritti sia dei chierici che dei fratelli laici, specialmente riguardo alle funzioni da svolgere, riservando quelle di governo ai religiosi costituiti negli ordini sacri, in quanto solo essi pienamente esprimono nella loro vita il carisma sacerdotale dell'istituto (c. 588, § 2).

[20] Cf. *Lineamenta*, nn. 19 e 21; anche il documento elaborato dalla Commissione dei superiori generali degli istituti religiosi laicali, in *Documentation catholique*, 18 oct. 1992 (n. 2058) 891-904.

molti servizi che sono comuni anche ai fedeli laici, la tentazione potrebbe essere quella di assumere forme di inserimento totalmente secolarizzate, con un'eccessiva dispersione dei membri in attività non più esercitate in opere del proprio istituto, con danno sia della dimensione comunitaria dell'apostolato, sia dell'identità stessa degli istituti[21].

Riguardo alla vita consacrata femminile[22], il desiderio di un rinnovamento per un inserimento più adeguato e qualificato nella vita della Chiesa in ordine alla missione che questa deve svolgere nel mondo, fallirebbe il suo obiettivo, se esso fosse inquinato da considerazioni di carattere puramente sociologico tratte dal movimento femminista, che in alcuni luoghi assume espressioni certamente non accettabili da un'antropologia cristiana. Gli istituti femminili debbono trovare ogni incoraggiamento ad avere tutti i mezzi per formare delle formatrici qualificate e per poter offrire a tutti i suoi membri una formazione intellettuale e dottrinale adeguata al ministero che nella Chiesa debbono svolgere, secondo il fine del proprio istituto. Questo permetterà un'inserimento qualificato delle religiose nelle Chiese particolari, che dovrà essere rispettato e valorizzato sia dal clero diocesano che dai vescovi.

Inoltre, negli istituti laicali maschili in cui alcuni membri ricevono il ministero sacro per il servizio della comunità, è certamente più conforme al carisma di tali istituti che siano i religiosi non ordinati ad avere funzioni di governo, in quanto, se il superiore dev'es-

---

[21] Cf. il contributo di M. DORTEL-CLAUDOT, *Natura comunitaria dell'apostolato nella vita religiosa laicale*, in *Periodica* 83 (1994) 57-65.

[22] Cf. *Lineamenta*, n. 19a.

sere colui che interpreta con autorità il carisma dell'istituto[23], lo deve innanzitutto esprimere nella sua vocazione e nella sua vita[24].

C. Istituti secolari

Riguardo a questi istituti sarà bene approfondire la caratteristica e la funzione propria di quelli clericali, a cui nel n. 22 dei *Lineamenta* viene fatto un accenno. In genere, infatti, vengono poco capiti e ad essi poco ci si riferisce quando si parla di istituti secolari. È lo stesso carisma della diocesanità che viene vissuto in unità con il carisma proprio dell'istituto, come ispirazione spirituale con cui vivere il ministero sacro al servizio della diocesi, per essere fermento evangelico nello stesso presbiterio. È, allora, la condizione clericale diocesana che viene vissuta nella consacrazione per la professione dei consigli evangelici secondo la spiritualità propria dell'istituto (c. 711). Bisogna prendere atto che alla comprensione di questa specificità carismatica e funzionale degli istituti secolari clericali non aiutano certo i cc. 715, § 2 e 266, § 2, che prevedono la possibilità dell'incardinazione in un istituto secolare e, in caso di destinazione ad opere proprie o a funzioni di governo, la dipendenza dal vescovo di tali chierici «ad instar religiosorum». Un istituto secolare clericale che ha opere proprie e incardina i propri membri, se per di più questi vivessero insieme per la conduzione di tali opere, perderebbe la propria indole di istituto secolare e di fatto sarebbe una specie di istituto religioso.

---

[23] Cf. Note dir. *Mutuae relationes*, n. 13a, in *AAS* 70 (1978) 481, 57-65.
[24] Il c. 588, § 3 su questo punto rimane generico e ambiguo.

Riguardo agli istituti secolari laicali, data la non chiara definizione di «fedele laico» a cui sopra accennavamo, rimane non chiara la dottrina circa la caratteristica propria della consacrazione in tali istituti. Infatti nello stesso n. 22 dei *Lineamenta* si parla di accentuazione della consacrazione a Dio, con l'assunzione dei consigli evangelici con un vincolo stabile e riconosciuto. Sembrerebbe che si tratti solo di accentuazione della consacrazione del battesimo e della cresima, ma questo contraddice *PC* 11 che viene riportato all'inizio del numero, dove si dice che tale professione dei consigli evangelici conferisce una consacrazione. Per questo anche i membri degli istituti secolari, sebbene mantengano la loro condizione canonica laicale (c. 711), nello stesso tempo entrano anche nello stato di consacrazione per la professione dei consigli evangelici (c. 574). Inoltre, l'uso indiscriminato delle formule «secolarità consacrata» e «consacrati secolari», rende la dottrina confusa. Si tratta di laici secolari che, per il fatto che assumono i consigli evangelici, diventano laici secolari consacrati. È l'assunzione dei consigli evangelici, atto consacratorio, che differenzia qualitativamente questi laici, membri di istituti secolari, dagli altri fedeli laici, per ciò che essi «sono» nella Chiesa e nel mondo, in virtù della consacrazione, e non per ciò che «fanno».

D. *Società di vita apostolica*

Sarebbe da chiarire finalmente la posizione e la natura di queste società, rimasta aperta anche con la promulgazione del Codice.

Nel n. 23 dei *Lineamenta* si dice che la pratica dei consigli evangelici, in quelle società in cui vengono assunti per mezzo di un vincolo definito nelle costituzioni (c. 731, § 2), è essenzialmente ordinata all'apostolato. Questo viene affermato come l'elemento differenziatore dagli istituti di vita consacrata. Si deve notare che anche negli istituti religiosi integralmente dediti ad opere di apostolato i consigli evangelici vengono assunti in ordine alla missione apostolica propria dell'istituto: essa appartiene alla natura stessa dell'istituto, quindi intrinsecamente alla consacrazione religiosa che in esso si ha (c. 575; *PC* 8a).

Secondo il Codice le società di vita apostolica sono «assimilate» («accedunt») agli istituti di vita consacrata (c. 731, § 1), per cui anche per esse valgono i cc. 578-597 e 606 (c. 732), in quanto i membri di esse, pur non essendo legati da voti religiosi, perseguono il fine apostolico proprio della società, e, conducendo vita fraterna in comune, tendono alla perfezione della carità mediante l'osservanza delle costituzioni (c. 731, § 1). In alcune di esse i consigli evangelici vengono assunti espressamente con qualche vincolo definito dalle costituzioni, per cui sono soggette ai cc. 598-602 (c. 731, § 2; 732).

La prima cosa da chiarire è il termine «accedunt» del c. 731, § 1, frutto di un travagliato cammino e quindi di un compromesso[25].

PC 1d considera le società di vita comune senza voti una vera forma di vita consacrata, alla stessa stregua delle famiglie religiose e degli istituti secolari. Così le consideravano anche i primi schemi preparatori del nuovo Codice[26]. Fu solo nel maggio 1980 che ven-

---

[25] Cf. S. RECCHI, *Il verbo «accedere» nei cc. 604 e 731 del Codice di diritto canonico*, in *Via Consacrata* 26 (1990) 950-965; J. BEYER, *Originalità dei carismi...*, 265-270 (cf. nota 4).

[26] Cf. *Communicationes* 2 (1970) 168-170; 175-176; 229; 5 (1973) 66; 7 (1975) 77-80.

ne posto il problema se tali società dovessero essere comprese nella categoria di istituti di vita consacrata oppure se di esse si dovesse trattare separatamente subito dopo quelli, in una sezione a parte. Il problema, come si sa, sorgeva dalla grande varietà di tali società, in quanto alcune non hanno né voti né altri vincoli, altre invece assumono i consigli evangelici con dei voti che, pur non essendo religiosi per i loro effetti, non si possono considerare puramente privati, perché accettati pubblicamente a nome della Chiesa (c. 1192, § 1). Inoltre, mentre i membri delle società clericali, anche se non per mezzo di altri vincoli specifici, sono tenuti all'obbedienza e alla castità nel celibato per la promessa fatta al momento dell'ordinazione, e ad un regime di povertà in virtù della condivisione dei beni richiesta dalla vita in comune e determinata dalle costituzioni; quelli delle società femminili, invece, assumono in genere i consigli evangelici, impegnandosi ad essi con qualche vincolo (voti, promesse, giuramenti), non avendo evidentemente gli obblighi sorgenti dall'ordine sacro. È ben noto che molte di queste società, sia maschili che femminili, nelle intenzioni dei fondatori sono sorte come forma di consacrazione (per fare solo un esempio, le Figlie della carità di S. Vincenzo de Paoli), ma nello stesso tempo con una peculiarità propria, quindi senza voler assumere le strutture e lo stile di vita propri degli istituti religiosi, che in passato avrebbero impedito, specialmente per le società femminili, lo svolgimento dell'attività apostolica; mentre altre sono sorte proprio con l'intenzione dei fondatori di non essere una forma di vita consacrata[27]. Così le società di vita apostolica nel Co-

---

[27] Cf. *Ibid.* 13 (1981) 379-381.

dice non sono state comprese tra gli istituti di vita consacrata, ma ad essi assimilate, dato che non in tutte si configura la vita consacrata nel senso canonico espresso nel c. 573, § 2, anche se in tutte si riscontra una tendenza alla perfezione della carità tramite l'azione apostolica e la vita fraterna in comune, quindi l'essenza di una vera e propria consacrazione a Dio nella Chie (c. 573, § 1). Comunque, quelle che nell'intendimento dei fondatori sono sorte come forma di consacrazione a Dio per la professione dei consigli evangelici nel tendere alla perfezione della carità, per mantenere la propria identità debbono essere considerate della stessa natura degli istituti di vita consacrata ed entrare entro questa categoria come forma specifica di consacrazione; le altre possono considerarsi piuttosto delle associazioni con una maggiore o minore assimilazione ad essi, oppure quelle clericali potrebbero assumere la forma di prelature personali (cc. 294-297). Il Codice dei Canoni delle Chiese Orientali in questo senso distingue tra «Società di vita comune *ad instar religiosorum*» (cc. 554-562), che sono considerati veri istituti di vita consacrata, e «Società di vita apostolica», che «si avvicinano» («*accedunt*») agli istituti di vita consacrata (c. 572), facendo così giustizia ai diversi carismi. È, però, da notare che non è soddisfacente la dicitura «*ad instar religiosorum*» (c. 554, § 1), in quanto prende come analogato gli istituti religiosi, anziché insistere sulla specificità propria di tali società, indipendentemente da un riferimento agli istituti religiosi.

E. *Nuove forme aggregative di vita evangelica*

Un fenomeno che necessita un approfondimento è quello delle nuove forme di vita evangelica, che ormai da qualche decennio vanno sorgendo e stabilizzandosi dappertutto[28].

Bisogna innanzitutto considerare che lo Spirito, non si contraddice, quindi tra le forme già esistenti e quelle nuove ci deve essere novità nella continuità. Un primo discernimento che i vescovi e la S. Sede debbono allora fare, è se le nuove forme sono in continuità con ciò che è essenziale alla vita consacrata per la professione dei consigli evangelici, e rispondono ai fondamenti teologici di questa, oppure no.

Se si tratta di aggregazioni di vita evangelica che rientrano in una delle forme canoniche già previste — facendo attenzione a non compiere forzature, che potrebbero portare ad una deformaizone dell'ispirazione originaria dei fondatori — esse vanno approvate come tali. Non si tratterebbe, allora, di nuove forme, ma di nuovi istituti o società.

Il problema si pone riguardo a quelle aggregazioni che, pur in una grande varietà di espressioni, dal punto di vista strutturale spesso sono caratterizzate da una non uniformità di composizione: uomini e donne; membri che assumono i consigli evangelici anche con vincoli perpetui, e altri no; alcuni vivono in comunità apostoliche, altri in comunità di stampo monastico, altri ancora da soli in una forma di consacrazione nel secolo; alcuni accedono agli ordini sacri, altri no. In alcune vi sono anche famiglie, tra le quali le une vivono insieme e le altre no. Tutti dipendono da un unico presidente o moderatore, pur essendo l'organismo nel suo insieme articolato in vari rami con dei responsabili a capo. Per ciò che riguarda lo stile di vita evangeli-

---

[28] Cf. *Lineamenta*, n. 24.

co, spesso si contraddistinguono per una forte austerità di vita, un'intensa preghiera, il recupero di sane forme di devozione tradizionali, la condivisione dei lavori domestici e manuali da parte di tutti, semplicità di rapporti, comunità non molto numerose. Sotto l'aspetto apostolico è ricorrente lo slancio missionario verso i «lontani» e verso coloro che mai hanno ricevuto il Vangelo; l'impegno nella «nuova evangelizzazione»; l'apertura ecumenica; la vicinanza ai poveri e agli emarginati di ogni tipo; l'inserimento nelle strutture parrocchiali.

L'ispirazione unitaria che queste aggregazioni hanno, pur nella varietà di composizione, richiede un'unità non solo spirituale, ma anche strutturale, per cui si coarterebbe la loro natura e la loro novità carismatica se fosse data un'approvazione canonica autonoma ai vari rami o settori, secondo le figure giuridiche attualmente sancite. Sarebbe come smembrare un corpo.

Si deve, poi, tener presente che solo la Sede Apostolica può istituire una nuova forma di vita consacrata (c. 605). È auspicabile che il prossimo Sinodo rifletta se l'esperienza di questi ultimi decenni è sufficiente per chiedere al Romano Pontefice di istituire una nuova forma di vita consacrata nella Chiesa, affinché tali aggregazioni abbiano una disciplina chiara e i vescovi possano essere aiutati nella loro opera di discernimento.

Nella discussione su questo punto non si può prescindere dal fatto che possono essere considerati membri di un istituto di vita consacrata solo coloro che assumono tutti e tre i consigli evangelici, mentre gli altri, coniugati o no, che assumono solo un legame di obbedienza, di condivisione dei beni e di vita in comune, possono essere considerati come aggregati, con un vincolo più o meno forte a norma delle Costituzioni.

Quelle aggregazioni, invece, simili a queste, che non vogliono essere riconosciute come forma di vita consacrata, pur avendo nel proprio seno membri che assumono i consigli evangelici con un qualche vincolo, possono avere un riconoscimento come associazioni di fedeli o movimenti ecclesiali, con uno statuto proprio, la cui forma è ancora da individuare, in quanto la varietà di composizione di esse coinvolge la competenza di più Dicasteri. L'assunzione dei consigli evangelici, talvolta anche con vincoli perpetui, da parte di alcuni membri di queste aggregazioni, di per sé non comporta un cambiamento di stato di vita.

L'assunzione dei consigli evangelici, compiuta per ispirazione divina, in qualsiasi modo si faccia, comporta una consacrazione a Dio e agli uomini nella carità. Si tratta di una «consacrazione di vita» che qualsiasi fedele può fare, sia come individuo sia come appartenente ad un gruppo, e non fa sì che il gruppo diventi un istituto di vita consacrata. Sotto questo punto di vista spirituale «consacrazione di vita» e «vita consacrata», come stato di vita canonicamente sancito, non differiscono[29]. Invece, una differenza sostanziale si pone dal punto di vista ecclesiale-istituzionale. Nelle forme di vita consacrata che la Chiesa riconosce come tali, il suo intervento è determinante nella mediazione dell'atto di assunzione dei consigli evangelici e quindi nella tutela e nella disciplina di essi (c. 576), la quale, allora, non dipende solo dalle costituzioni dell'istituto. Nelle altre forme di «consacrazione di vita», invece, la disciplina dei consi-

---

[29] Cf. H. BÖHLER, *Consigli evangelici...*, 194-195; 203-204 (cf. nota 7).

gli evangelici è piuttosto determinata dagli statuti dell'associazione e l'intervento della Chiesa è più o meno incidente a seconda che l'associazione sia privata o pubblica.

F. *Aiuto reciproco tra gli istituti*

Un aiuto efficace agli istituti in questo sforzo di rinnovamento in relazione al loro fine proprio, si debbono rivelare i vari organismi di coordinamento tra gli istituti, in particolare le Conferenze o Consigli dei superiori maggiori (= CSM; cf. *PC* 23; *CD* 35,5; *AG* 33a; cc. 708; 709)[30].

Il primo fine delle CSM delineato dal c. 708 rivela la loro natura sussidiaria. Esse, nell'unione delle forze tra i vari istituti, debbono essere un aiuto perché ciascuno di questi possa più pienamente conseguire il proprio fine, facendo sempre salvi l'autonomia, l'indole e lo spirito proprio. In questo modo il c. 708 si connette con i principi fondamentali che hanno guidato la riforma del diritto della vita consacrata e che sono stati sanciti nei cc. 578 e 586, § 1.

Dai principi sanciti in questi due canoni scaturiscono dei doveri e dei diritti fondamentali degli istituti, dei membri di essi e dei superiori, e anche degli ordinari, riguardo alla tutela del carisma (cf. cc. 631, § 1; 676; 677, § 1; 586, § 2; 678-686).

Tali principi, con ciò che ne deriva, si applicano anche al rapporto che intercorre tra i singoli superiori maggiori e le CSM. Interpreti autorevoli del carisma

---

[30] Cf. M.p. *Ecclesiae Sanctae* II, 43, in *AAS* 58 (1966) 782; Note Direttive *Mutuae Relationes*, nn. 59-66, in *AAS* 70 (1978) 503-505; *Lineamenta*, n. 38.

di un istituto sono e possono essere solo i superiori di un istituto, sostenuti e coadiuvati dai membri di esso. Massima espressione di questo diritto/dovere di tutto l'istituto si ha nel capitolo generale. Nessuno si può sostituire a questa interpretazione interna dell'istituto, neppure l'autorità gerarchica; tanto meno le CSM[31]. Le CSM non possono trasformarsi in una specie di organo di super-governo degli istituti. Il Concilio e il Codice, infatti, vogliono evitare il livellamento degli istituti: enunciano i principi dottrinali e dispongono i mezzi giuridici per raggiungere questo scopo. Per questa ragione né il Concilio né il Codice espressamente riconoscono un potere giuridico vincolante alle decisioni prese dalle CSM nei confronti degli istituti e dei loro superiori[32].

È certamente di molta utilità per gli istituti uno scambio di esperienze tra i superiori su affari di comune interesse — è questo il secondo fine delineato dal c. 708, già previsto da PC 23 — ma ogni superiore maggiore, poi, ha la responsabilità, aiutato dal suo consiglio e dalle altre forme di partecipazione proprie (cc. 627; 633), dell'applicazione all'istituto, secondo il carisma, di ciò che è maturato nell'incontro nella Conferenza. Solo così il secondo fine viene perseguito nel rispetto del primo che è il fondamentale e quello

---

[31] Cf. il mio articolo *Carisma di un istituto e sua tutela*, in *Vita Consacrata* 28 (1992) 554-562.

[32] Si deve notare che il c. 708, pur riconoscendo l'utilità delle CSM, lascia, rispetto a *PC* 23, una maggiore libertà ai superiori maggiori di associarsi in tali Conferenze. L'esperienza del funzionamento di alcune di esse ha suggerito questa prudenza. In certi paesi, infatti, con l'approvazione della S. Sede, si hanno già riunioni libere di superiori maggiori che non aderiscono alle Conferenze istituite, proprio per non sottostare ad una certa pressione morale di indirizzi che non condividono.

alla cui luce vanno interpretati tutti gli altri delineati nel canone. Se così non fosse la vita consacrata verrebbe concepita come un qualcosa di generico e di astratto, non più legata ad un dono specifico dello Spirito che dev'essere fedelmente tutelato e sviluppato nella vita dell'istituto a servizio della Chiesa. Ne verrebbe un dannosissimo livellamento degli istituti con la perdita della loro identità carismatica.

Allora, data l'utilità di queste CSM sia come aiuto ai singoli istituti, per mezzo dello studio e del confronto su problemi comuni (teologia della vita consacrata, mezzi di formazione, inserimento nella Chiesa e nella società contemporanea, incontro con nuove culture, ecc.) sia come istanza dei rapporti con la Conferenza dei vescovi[33], i superiori maggiori hanno il dovere di dare tutto il loro contributo positivo per collaborare all'edificazione della comunione ecclesiale a vari livelli e al rinnovamento della vita consacrata nella sua concreta realizzazione secondo i diversi carismi[34].

GIANFRANCO GHIRLANDA, S.J.

---

[33] Questo è il terzo fine previsto dal c. 708.
[34] Su questo tema rimando al mio articolo *Natura e fini istituzionali delle Conferenze dei Superiori/e Religiosi*, in *Informationes SCRIS* 19 (1993) 96-117.

Finito di stampare il 20 maggio 1994
Tipografia Poliglotta della Pontificia Università Gregoriana
Piazza della Pilotta, 4 – 00187 Roma

Della stessa editrice

BEYER, Jean - FELICIANI, Giorgio - MÜLLER, Hubert: Comunione ecclesiale e strutture di corresponsabilità.
1990. pp. 84. ISBN 88-7652-633-1. L. 12.000

BERLINGIERI, Giovanni: Il lieto annuncio della nascita e del concepimento del Precursore di Gesù (Lc. 1,5-23.24-25) nel quadro dell'opera lucana. (*Analecta Gregoriana, 258*).
1991. pp. XVIII-186. ISBN 88-7652-636-6. L. 28.000

CIPOLLONE, Giulio: Cristianità-Islam. Cattività e liberazione in nome di Dio. (*Miscellanea Historiae Pontificiae, 60*).
1992. pp. XXXIV-554, 8 tavv. ISBN 88-7652-649-8. L. 70.000

COCCOPALMERIO, Francesco: De Paroecia.
1991. pp. X-290. ISBN 88-7652-638-2. L. 28.000

CONCORDANZA DEI QUATTRO VANGELI. *1ª ristampa.*
1992. pp. 264. ISBN 88-7652-404-5. L. 13.500

CONN, James J.: Catholic Universities in the United States and Ecclesiastical Authority. (*Analecta Gregoriana, 259*).
1991. pp. XVI-348. ISBN 88-7652-639-0. L. 45.000

DEZZA, Card. Paolo: Filosofia. *9ª edizione.*
1993. pp. 224. ISBN 88-7652-589-0. L. 22.000

ERDÖ, Péter: Introductio in Historiam Scientiae Canonicae. Praenotanda ad Codicem.
1990. pp. 208. ISBN 88-7652-627-7. L. 20.000

FORNILI, Carlo C.: Delinquenti e carcerati a Roma alla metà del '600. (*Miscellanea Historiae Pontificiae, 59*).
1991. pp. XXXIV-286, 16 tavv. ISBN 88-7652-637-4. L. 40.000

FUČEK, Ivan: Il peccato oggi. Riflessione teologico-morale.
1991. pp. 292. ISBN 88-7652-634-X. L. 25.000

GALOT, Jean: Maria. La donna nell'opera della salvezza. *2ª edizione aggiornata.*
1991. pp. XVI-440. ISBN 88-7652-617-X. L. 39.000

GHIRLANDA, Gianfranco: Il diritto nella Chiesa mistero di comunione. Compendio di diritto ecclesiale. *2ª edizione aggiornata.* (Coedizione con Edizioni San Paolo).
1993. pp. 720. ISBN 88-215-1952-X. L. 45.000

GIRAUDO, Cesare: Preghiere eucaristiche per la Chiesa di oggi. Riflessioni in margine al commento del canone svizzero-romano. (Coedizione con Morcelliana; *Aloisiana, 23*).
1993. pp. 400, 16 tavv. ISBN 88-7652-660-9.   L.   52.000

GROTZ, Hans: La Storiografia Medioevale. Introduzione e sguardo panoramico.
1993. pp. 116. ISBN 88-7652-661-7.   L.   18.000

HENRICI, Peter: Guida pratica allo studio. *3ª edizione.*
1992. pp. XII-128. ISBN 88-7652-647-1.   L.   10.000

HERTLING, Ludwig - KIRSCHBAUM, Engelbert: Le catacombe romane e i loro martiri. *4ª ristampa.*
1992. pp. 276, 8 tavv. ISBN 88-7652-321-9.   L.   24.000

HUBER, Carlo: E questo tutti chiamano «Dio». Analisi del linguaggio cristiano.
1993. pp. 124. ISBN 88-7652-659-5.   L.   18.000

MAGNANI, Giovanni: Filosofia della religione. *2ª edizione.*
1993. pp. 200. ISBN 88-7652-346-4.   L.   25.000

MARTINA, Giacomo: Pio IX (1867-1878). (*Miscellanea Historiae Pontificiae, 58*).
1990. pp. XII-614. ISBN 88-7652-625-0.   L.   55.500
Insieme ai volumi MHP 38 e MHP 51.   L. 128.000

NAVARRETE, Urbano: Structura iuridica matrimonii secundum Concilium Vaticanum II. Momentum iuridicum amoris coniugalis. *2ª edizione.*
1988. pp. 156. ISBN 88-7652-357-X.   L.   15.000

NAVONE, John: Teologia del fallimento.
1988. pp. 248. ISBN 88-7652-587-4.   L.   17.000

O'DONNEL, John - RENDINA, Sergio: Sacerdozio e spiritualità ignaziana.
1993. pp. VIII-192. ISBN 88-7652-664-1.   L.   25.000

SELVAGGI, Filippo: Filosofia del mondo. Cosmologia filosofica. *2ª edizione riveduta e corretta.*
1993. pp. 592. ISBN 88-7652-551-3.   L.   50.000

TAGLIAFERRI, Maurizio: L'Unità Cattolica. Studio di una mentalità. (*Analecta Gregoriana, 264*).
1993. pp. XXII-378. ISBN 88-7652-665-X.   L.   45.000

TEANI, Maurizio: Corporeità e risurrezione. L'interpretazione di 1 Corinti 15,35-49 nel Novecento. (Coedizione con Morcelliana; *Aloisiana, 24*).
1994. pp. 336. ISBN 88-7652-668-4.   L. 50.000

VACCA, Salvatore: Prima Sedes a nemine iudicatur. Genesi e sviluppo storico dell'assioma fino al Decreto di Graziano. (*Miscellanea Historiae Pontificiae, 61*).
1993. pp. XXII-270. ISBN 88-7652-662-5.   L. 36.000

ŽITNIK, Maksimilijan: Sacramenta. Bibliographia Internationalis. (*50.000 titoli in 4 volumi rilegati*).
Vol. I, pp. XXXII-1.172. ISBN 88-7652-642-0.   L. 120.000
Vol. II, pp. IV-1.084. ISBN 88-7652-643-9.   L. 110.000
Vol. III, pp. IV-1.040. ISBN 88-7652-644-7.   L. 105.000
Vol. IV, pp. 452. ISBN 88-7652-645-5.   L. 65.000
I quattro volumi non sono separabili.
1992. Opera completa: ISBN 88-7652-641-2.   L. 400.000

Ordini e pagamenti a:

AMMINISTRAZIONE PUBBLICAZIONI PUG/PIB
Piazza della Pilotta, 35–00187 Roma–Italia
Tel. 06/678.15.67–Telefax 06/678.05.88

Conto Corrente Postale n. 34903005–Compte Postal n. 34903005
Monte dei Paschi di Siena–Sede in Roma–c/c n. 54795.37

NOVITÀ

JOÃO TAVARES DE LIMA, S.D.S.

«TU SERÁS CHAMADO ΚΗΦΑΣ»

ESTUDO EXEGÉTICO SOBRE PEDRO
NO QUARTO EVANGELHO

(ANALECTA GREGORIANA, 265)

ISBN 88-7652-667-6

1994. pp. XXIV-392   L. 54.000

EDITRICE PONTIFICIA UNIVERSITÀ GREGORIANA
ROMA 1994